西山文脉

诗文印象

张宝秀 张景秋◎主编

李彦东◎编著

北京联合大学应用文理学院◎组织编写

北京出版集团公司

北京出版社

图书在版编目（CIP）数据

诗文印象 / 李彦东编著；张宝秀，张景秋主编；
北京联合大学应用文理学院组织编写. — 北京 ：北京出
版社，2019.12
（西山文脉）
ISBN 978-7-200-15170-1

Ⅰ. ①诗… Ⅱ. ①李… ②张… ③张… ④北… Ⅲ.
①文化史—北京—通俗读物 Ⅳ. ①K291-49

中国版本图书馆CIP数据核字（2019）第217798号

总 策 划：李清霞
责任编辑：董维东
执行编辑：朱 佳
责任印制：彭军芳

西山文脉

诗 文 印 象
SHIWEN YINXIANG

张宝秀　张景秋　主编 李彦东　编著
北京联合大学应用文理学院　组织编写

出　　版　北京出版集团公司
　　　　　北 京 出 版 社
地　　址　北京北三环中路6号
邮　　编　100120
网　　址　www.bph.com.cn
总 发 行　北京出版集团公司
发　　行　京版北美（北京）文化艺术传媒有限公司
经　　销　新华书店
印　　刷　天津联城印刷有限公司
版印次　2019年12月第1版第1次印刷
开　　本　787毫米×1092毫米　1/32
印　　张　6.75
字　　数　166千字
书　　号　ISBN 978-7-200-15170-1
定　　价　88.00元

如有印装质量问题，由本社负责调换
质量监督电话　010-58572393

【目录】

主编寄语　　／001

绪　　论　　／001

第一章　春秋四时　　／001

一　好春只合与山分　　／003

（一）春山　　／003

（二）春意　　／005

（三）春花　　／007

（四）春思　　／008

二　松阴六月午偏长　　／011

（一）候驾　　／011

（二）雅集　　／013

三　秋老香山路　　／015

（一）秋庵红叶　　／015

（二）秋塔蹇驴　　／019

（三）秋园佳节　　／020

四　西山一抹白于银　　／023

（一）西山积雪　　／023

（二）冬天的故事　　　　　／ 025

第二章　夜宿晓起　　　　　／ 027

一　澄怀卧亦游　　　　　／ 029
（一）静心　　　　　　　／ 029
（二）卧游感怀　　　　　／ 033
（三）现代文学中的西山之夜　／ 036
二　秀气开全嶂　　　　　／ 039
（一）来青轩　　　　　　／ 039
（二）晨爽　　　　　　　／ 041

第三章　雨雪风云　　　　　／ 047

一　坐爱空山过雨时　　　／ 049
（一）苦雨与喜雨　　　　／ 049
（二）积雨初霁　　　　　／ 052
（三）寒雨　　　　　　　／ 053
二　飞泉散雪四时寒　　　／ 054
（一）雪游　　　　　　　／ 056
（二）春雪　　　　　　　／ 057
（三）雪与民生　　　　　／ 058

三　风静泉声闻远屿　　　　　／ 060

（一）静风　　　　　　　　／ 060

（二）松风　　　　　　　　／ 062

（三）大风　　　　　　　　／ 063

（四）雾　　　　　　　　　／ 063

四　有客来分半榻云　　　　　／ 065

（一）云卷云舒　　　　　　／ 065

（二）云起云归　　　　　　／ 066

（三）云居寺　　　　　　　／ 067

（四）禅意的云　　　　　　／ 068

第四章　奇树怪石　幽泉玄洞　／ 071

一　穹山庆谷能奇树　　　　　／ 072

（一）娑罗　　　　　　　　／ 073

（二）龙松　　　　　　　　／ 074

（三）古柏　　　　　　　　／ 077

二　白石锋稜涧屡湾　　　　　／ 077

（一）石形　　　　　　　　／ 078

（二）石景　　　　　　　　／ 079

（三）爱石　　　　　　　　／ 080

三 五花阁下听沧浪　　　　/ 082

（一）玉泉　　　　　　　/ 083

（二）水泉　　　　　　　/ 084

（三）双清泉　　　　　　/ 085

（四）温泉　　　　　　　/ 087

（五）龙泉　　　　　　　/ 088

四 石洞亦幽阴　　　　　　/ 089

（一）华严洞　　　　　　/ 090

（二）吕公洞　　　　　　/ 091

（三）云水洞　　　　　　/ 092

（四）宝珠洞　　　　　　/ 093

（五）庞涓洞　　　　　　/ 095

（六）石经洞　　　　　　/ 096

第五章　险峰秘崖　游鱼啼鸟　/ 099

一 一峰秀出天　　　　　　/ 100

（一）香炉峰　　　　　　/ 101

（二）中峰　　　　　　　/ 102

（三）极乐峰　　　　　　/ 103

（四）摘星峰　　　　　　/ 104

（五）妙高峰　　　　　　/ 105

（六）棺材峰　　　　　　　/ 106

（七）银山三峰　　　　　　/ 106

二　危崖仄倚寺　　　　　/ 109

（一）秘魔崖　　　　　　　/ 109

（二）峋峋崖　　　　　　　/ 111

（三）白鹿岩　　　　　　　/ 112

（四）滴水岩　　　　　　　/ 113

三　鱼浮人影外　　　　　/ 114

（一）碧云寺游鱼　　　　　/ 115

（二）香界寺游鱼　　　　　/ 116

（三）黑龙潭游鱼　　　　　/ 117

（四）大觉寺池鱼　　　　　/ 118

四　啼鸟亲人语　　　　　/ 119

（一）山鸟　　　　　　　　/ 119

（二）湖鸟　　　　　　　　/ 120

（三）雀儿庵　　　　　　　/ 121

第六章　长堤柳桥　孤亭高台　/ 123

一　山影随风尽倒生　　　/ 125

（一）父亲　　　　　　　　/ 125

（二）儿子　　　　　　　　/ 127

二 柳外平桥度紫骝 / 128

（一）高粱桥 / 128

（二）青龙桥 / 132

（三）卢沟桥 / 133

三 迢递春风在一亭 / 137

（一）望湖亭 / 137

（二）流憩亭 / 138

（三）退翁亭 / 139

（四）渌水亭 / 140

四 法石坐来思半偈 / 141

（一）祭星台 / 142

（二）说法台 / 142

（三）龙虎台 / 144

第七章 繁花静月 禅意梦境 / 147

一 花枝着眼掠人香 / 149

（一）杏花、柳花 / 149

（二）牡丹、芍药 / 150

（三）玉兰 / 152

（四）百花山 / 153

二 月痕松影落 / 154

（一）月游 / 155

（二）坐月 / 155

（三）待月 / 157

三 远来禅境宿 / 159

（一）寻山 / 159

（二）游山 / 160

（三）品山 / 162

四 梦里西山慰我思 / 164

（一）禅梦 / 165

（二）家国梦 / 167

后 记 / 171

【主编寄语】

北京西山，是北京西部山地的总称，属太行山脉最北段，与北京城市发展关系十分密切，宛如腾蛟起蟒，从西边拱卫着北京城，明代以来被誉为"太行之首"[1]"神京右臂"[2]。

北京西山北起昌平区南口关沟，南抵拒马河谷一带房山区与河北省涞水县的交界处，西至市界，东临北京小平原，总体呈北东—南西走向，长约九十千米，宽约六十千米，面积约三千平方千米。地势由西北向东南逐级下降，依次有东灵山—黄草梁—笔架山、百花山—髻髻山—妙峰山、九龙山—香峪大梁、大洼尖—猫耳山四列山脉，最高峰东灵山海拔二千三百零三米。地貌类型主要包括中山、低山、丘陵和山间谷地。北京西山向北京平原前出的部分，即今西北六环内的部分，以军庄沟（军温路）及永定河河道与西山主体部分相隔离，俗称"小西山"，地理名称为"香峪大梁"。

---

[1] [明]张爵著：《京师五城坊巷胡同集》，北京古籍出版社，1982年，第14页，"西山，府西三十里太行山首，每大雪初霁，积素若画，为京师八景之一，曰西山霁雪" [清]徐珂编撰：《清稗类钞》（第一册），中华书局，1984年，第135页，"西山在京西三十里，为太行之首，峰峦起伏，不计万千，而一峰一名，闻者不易志，知者不胜道也"
[2] [明]蒋一葵著：《长安客话》，北京古籍出版社，1982年，第52页，"西山，神京右臂" [清]赵尔巽撰：《二十四史（附清史稿）》（第十一卷），中州古籍出版社，1998年，第476页，"西山脉自太行，为神京右臂"

北京西山是中生代燕山运动隆起后，又经新生代喜马拉雅运动上升的山地和丘陵，地质遗迹众多，优质煤炭等矿产和建筑材料资源丰富，是我国培养自己的地质学专业人才和自主开展地质调查研究工作正式开始的地方，1920年由中华民国农商部地质调查所出版的中英文版"地质专报甲种第一号"《北京西山地质志》是我国第一份地质调查成果。西山堪称"中国地质学的摇篮"，马兰黄土、军庄灰岩、青白口系、下马岭组、窑坡组含煤地层、龙门组砾岩、髫髻山火山岩、芹峪运动等许多源于北京西山的地质名词具有世界意义，很多地层、地质现象、地质构造运动遗迹已成为闻名中外的经典和热点研究对象。西山拥有众多著名山峰，还分布有丰富的冰川遗迹和地下溶洞，河湖水系和动植物资源也非常丰富。2006年联合国教科文组织正式批准"中国房山世界地质公园"并授牌。西山是北京的生态屏障，山水生态构成西山文化的重要基底。

从大的地理单元看，北京位于华北平原旱地农业经济文化区、内蒙古高原牧业经济文化区、东北松辽平原狩猎采集经济文化区这三大地理单元和经济文化区的交汇之处，华北平原与黄土高原的过渡地带。在古代，华北平原多湖泊湿地，而太行山东麓山前地带地势较高，便于通行，久而久之形成一条南来北往的大道，古代大道的北端在蓟城（北京城的前身）。蓟城往西北经南口至张家口，再至内蒙古高原，往北经古北口至内蒙古高原或经承德至东北平原，往东经喜峰口及山海关至东北平原。北京独特的自然地理区位特征使其有着独特的交通地理区位和政治地理区位，自古以来就处于燕山南北与太行山东西文化交汇交融的前沿地带，并逐步成长为多民族文化交融的北半个中国以及整个中国的都城。

感怀历史，北京西山文脉悠长，其发展是一个文化不断层累的过程。西山有北京最早的旧石器时代遗址，是生活在七十万年至二十万年前的"北京人"的故乡，拥有周口店新洞人、田园洞人、山顶洞人等丰富的旧石器时代晚期遗址，以及东胡林人、镇江营等农业文明肇始以后的新石器时代遗址，有北京最早的水利工程——曹魏时期的戾陵堰、车厢渠，有始建于西晋、北京现存最古老的寺庙潭柘寺（初名"嘉福寺"），有始建于隋末唐初、世界上保存石刻经版最多的寺庙云居寺及延续千年刻制的大量石经、纸经、木版经，以及戒台寺、八大处、卧佛寺、万佛堂等辽金以前的众多遗产遗迹。至辽金时期，北京先后成为辽的陪都南京、金的都城中都，地位不断提升，北京西山地区的发展随之大大加快了速度。历代西山木石和煤炭等资源的开采，京西古道的开辟和不断拓展，使得西山成为北京城市建材和能源的重要供给地，成为联系北京城市和京西地区、冀西地区、山西高原、内蒙古高原的重要通道和文化纽带。

辽代，北京作为陪都，开始了皇家文化与佛教文化的融合，西山地区出现了上方院、清水院、香水院、白瀑寺、灵光寺佛牙舍利塔等一批寺院建筑。此外，北辽皇帝耶律淳死后葬于香山。

金代，北京成为北半个中国的都城，皇帝常巡幸西山，在香山、玉泉山、仰山、驻跸山等处建起多座行宫和寺院，形成著名的"西山八院"。金代"燕京八景"西山占两处，即"西山积雪"和"玉泉垂虹"。金代在西山脚下修筑了金口河和玉泉引水工程，并在沿山一带建起众多墓园。这些奠定了西山"山水与禅宗相融合"的皇家文化根基。

元代，北京成为全国的政治中心，兴建了新的都城元大都。郭守敬先是主持重开金口河运西山木石建设大都城，后又主持修建了通惠河，汇集西山泉水引入大都，解决大都漕运用水，使漕船得以进入大都城内。同时，开辟金水河，将玉泉山泉水引入大都城内。皇帝在西郊修建了大护国仁王寺、大承天护圣寺等多座皇家寺庙以及行宫，铸造了卧佛寺的铜卧佛。西山脚下的瓮山泊（今颐和园昆明湖的前身）成为大都郊外著名的游览区，海淀逐渐变为郊居胜地。

明代，西山范围内开始形成不同的文化景观区域。山前平原成为园林宜居区，海淀附近"稻畦千顷"，形成宛若江南的水乡景色，达官贵人在此建设园林别墅。沿山一带出现多处墓葬陵园区，不仅葬有二百多位王爷、公主、嫔妃，还有景泰皇帝朱祁钰的陵寝，留下许多以"府"为名的墓园地名。山地成为寺庙风景区，明代太监在西山兴建起大量寺庙，明人诗句"西山三百七十寺，正德年中内臣作"，就是其写照。此时，西山文化景观初具规模。

清代，在西山和山前平原建起以"三山五园"为代表的大型皇家园林区，先后兴建静宜园、静明园、畅春园、圆明园、颐和园等十余座御园以及大量赐园。清帝大部分时间在此居住和理政，"三山五园"成为紫禁城之外的另一处政治中心。清代，碧霞元君朝拜成为京津及周边地区规模最大的民间朝拜活动，京西妙峰山成为重要的朝拜中心。

近代以来，西山地区成为中外文化交流的场所和红色革命根据地。中法大学最早立足西山建立中法大学西山学院。法国诗人圣-琼·佩斯在此创作了《远征》，后来获得诺贝尔文学奖。革命先行者孙中山先生逝世后，曾停灵于碧云寺。不畏艰险、无私支持中国人民抗日斗争的法国医生贝熙业在西山建房居住、诊治百姓，帮助从北平城往平西根据地运送药品。抗战期间，中国共产党领导的抗日武装在西山与日寇进行了顽强的斗争，留下不少抗战遗迹，这些遗迹构成了一幅波澜壮阔的红色历史画卷。

全国解放前夕，1949年3月中共中央和毛泽东同志从西柏坡进京，进驻香山，这里成为向中国人民解放军发出向全国进军号令和筹划开国大典等重要历史事件的发生地。这里有双清别墅、来青轩等中共中央在香山的革命旧址，今年9月又建成了香山革命纪念馆，它们共同构成香山革命纪念地。香山是承载中国共产党伟大革命精神的重要红色纪念地。

中华人民共和国成立以后，西山具有了彻底的人民性。石景山脚下形成的大型钢铁厂，如今成为重要的工业遗产。山前地区出现了一批优秀的近现代建筑。西山地区集中了全市百分之八十左右承载着丰富民俗文化的传统村落。各类各级风景名胜区、自然保护区和人民公园的建设，推动西山成为北京市民休闲、览胜和度假之地。

北京西山历经沧桑演变，其自然山水生态本底为西山历史文化资源提供了物质基础，留下了宝贵的文化遗产，蕴藏着丰富的首都文化，包括源远流长的古都文化、丰富厚重的红色文化、特色鲜明的京味文化和蓬勃兴起的创新文化，成为北京的生态之基、文明之源、历史之根、文化之魂，是多民族文化交汇融合、兼容并蓄的中华文明源远流长的伟大见证，承载和表征着"天地人和"的中国传统文化价值观，成为北京文脉传承、乡愁寄托的载体，是北京历史文化名城的金名片，是京津冀协同发展的重要纽带。

为了"展西山古今风采，扬中华优秀文化"，北京联合大学应用文理学院、北京学研究基地、三山五园研究院与北京出版集团合作，策划选题，组织地理学、历史学、考古学、城乡规划、汉语言文学等相关学科专业的老师，在所承担各级各类研究课题成果基础上，撰写出版"西山文脉"丛书。本套丛书是北京学高精尖学科建设的阶段性成果，共十册，包括《三山五园（上）》《三山五园（下）》《文化情缘》《名流荟萃》《古刹寻幽》《烽火印记》《古村古韵》《诗文印象》《乌金留痕》《非遗传承》。每册图书平均字数十万字左右，图片一百多幅，力求图文并茂，生动有趣，从各个专题的角度，梳理和挖掘西山丰富的文化资源，展示西山深厚的历史底蕴和文化内涵，讲好西山故事，讲好北京故事，让西山文化发展有源、传承有绪。

张宝秀　张景秋

2019年9月

【绪　论】

　　品味山水是中国文化传统和审美传统中最有韵味的一部分，由此衍生的游记、诗歌及山水画展示了中国文化特有的宇宙观、自然观和秩序感。"游山玩水"是中国文人的强项，尽管也不乏懒到躺在床上卧游山水的文人，但多数文人一有机会还是会亲临实地，而畅游之际就难免会吟咏一番，有条件的话还会题在石壁之上。但凡游历所及，总会有诗文留下。

　　大凡山水风景的书写，都有一定的格局和模式。首先要了解的是西山诸山如何成为风景；其次是写景的内容以及如何写的问题；然后还要了解在西山留下诗文印象的作者们。

一、京西山景因水起

　　都城风景一向是文人士大夫热衷歌咏的题材，但在自汉唐至金元以前，频繁地出现在我国诗歌中的是长安、洛阳或杭州这些城市。北京地区在诗文中被提及，最常用的是燕赵、幽州等大的地理概念。唐末著名诗人贾岛虽然生在范阳，早年还曾居住在房山石峪口，但其名诗主要还是与长安有关。唐宋诗文较少出现北京西山，除了王朝控制力的原因外，更多是其风景未经"锤炼"，在自然与人文的结合上还无法与唐宋都城周边的山水风景相比。真正使得西山风景变得系统化、审美化的是金章宗完颜璟在中都西北郊建立了著名的"八大水院"。八大水院一般是指圣水院、香水院、金水院、清水院、潭水院、泉水院、双水院和灵水院，地跨现在的海淀、石景山和门头沟区。西山八院因水而建，因树而幽，并因此有了"春水秋山"的美誉。八大水院又以其各具特色之处而引人追怀。

清水院（后称大觉寺）以山深景幽著称，它与阳台山互相彰显，清麻兆庆《昌平外志》载《阳台山清水院创造藏经记》云："阳台山者，蓟壤之名峰；清水院者，幽都之胜概。跨燕然而独颖，侔东林而秀出。那罗窟邃，韫性珠以无类；兜率泉清，濯惑尘而不染。"大觉寺蝉噪鸟鸣，曾经进入过多少人的梦境。清完颜麟庆《鸿雪因缘图记》"余乃拂竹床，设藤枕，卧听泉声，淙淙琤琤，愈喧愈寂，梦游华胥，倏然世外，少醒，觉蝉噪愈静，鸟鸣亦幽，辗转间又入黑甜乡梦回啜香茗，思十余年来值伏秋汛，每闻水声，心怦怦动，安得如今日听水酣卧耶。寺名大觉，吾觉矣"。离此不远的黑龙潭潭清见底，绿树幽晻，明王嘉谟《北山大觉寺》云："清水不流陈粉泽，灵泉习听晓钟音。"

香水院（后称法云寺）以春水秋山而闻名，水有东西二泉鸣于左右，《帝京景物略》"西泉出经茶灶绕中溜，东泉出经香积厨绕外垣，汇于方塘，所谓香水也"；山言妙高峰高耸入云，"过金山口二十里，一石山，髯鬣然，审视，叠千百石小峰为之，如笋张箦。石根土被千年雨溜洗去，骨棱棱不相掩藉。小峰屏簇，一尊峰刺入空际者，妙高峰"。法云寺古树生香，《天府广记》云："法云寺枕妙高峰最高处，近寺有双泉鸣于左右，过石梁履级而上，至寺门，内有方池，石桥间之，水冷然沉碧，依稀如清溪水色，此双泉交汇处也。其上有银杏二株，大数十围。山石虽倩，更得此水活之，其秀媚殊甚。有楼，可卧看诸山。"

灵水院（后称栖隐寺）以药池而称灵，《帝京景物略》载：从仰山村"曲折上而北，一峰东南，有瀑练下，涧水源也。又上又折，是名仰山。山上栖隐寺，金大定寺也。峰五，亭八，章宗数游，有诗刻石，亡数十年矣。断石三，其一山场榜，上刻'大兴府西连山'等字。相传药王、药上二童子炼药此，今药碾药池存苑草中。宣德间重修之，而学士刘定之记。又莲花峰下有小释迦塔。岁梨花时，山则银色。实时，所苦险僻，市不得致，僧熟梨餐之，干梨糗之，不胜食，以供雀鼠。雀鼠亦不胜也，落而为泥，以粪树，树益勤花实"。韩弘达《暮登仰山》诗云："步尽艰难岭外村，又盘又折始山根。风飞柏雨归悬瀑，月拥梨云照石门。场榜古苔亭迹隐，碾池细草药香存。五峰登罢不能去，向路回望客意频。"

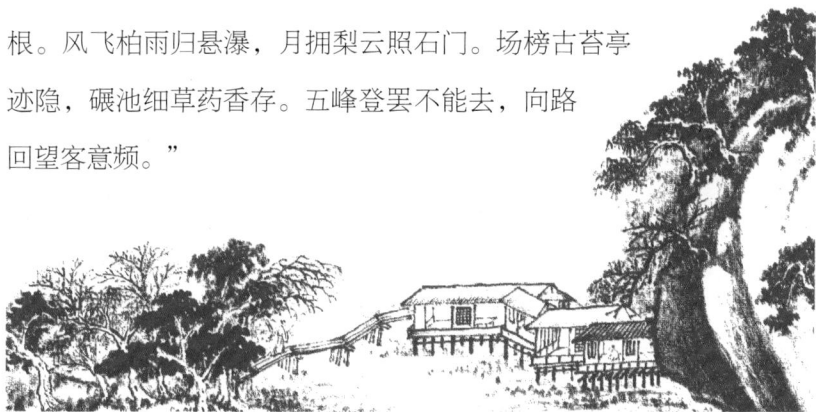

泉水院（位于玉泉山麓）以泉而独步天下，《钦定日下旧闻考》引《戴司成集》载："玉泉在京城西三十里西山之麓。有石洞，泉自中而出，洞门刻玉泉二字，泉味甘冽。上有石岩，名吕公洞。其上有芙蓉阁，金章宗避暑处。其在山之阳者，泉自下涌，鸣若杂佩，泓澄百顷，合流而入都城，逶迤曲折，宛若流虹。"吟咏玉泉的诗人无数，将其同泉水院明确写出的是明代的胡应麟，他的《游玉泉山》这般写，"飞流望不极，缥缈挂长川。天际银河落，峰头玉井连。波声回太液，云气引甘泉。更上遗宫顶，千林起夕烟"。

潭水院（位于今双清别墅处）以香山的清风朗月脍炙人口，《天府广记》云："香山在碧云南二里许，有永安寺，旧名甘露，其制一如碧云，而饶古色。最胜者来青轩，乃神庙所书额也。金人李晏有碑，其略曰：西山苍苍，上干云霄，重冈叠翠，来朝皇阙，中有古道场曰香山。上有二大石，状如香炉、虾蟆，有泉出自山腹下注溪谷，曰小清凉。西行数百步至弘光寺，殿圆，制极工。成化初，创于中官。中官高丽人，见其国金刚山有圆殿，故移其制于此。面其前者金章宗祭星台。"

圣水院（后称黄普院，位于今凤凰岭处）以宗教氛围见长，《敕赐妙觉寺记》云："灵山高耸，圣泉中流，真胜境也。"凤凰岭有南线、中线、北线之分，南线有关帝庙、黄普院、吕公洞、金刚石塔；中线主要是龙泉寺；北线山水险峻，摩崖石刻、天梯等非常有名。

双水院（位于今石景山双泉村北）因双泉映流而得名，《钦定日下旧闻考》云："双泉山旧有双泉寺，明成化间改名香盘寺。寺内明碑一，无撰人姓名，嘉靖元年立。双泉在今寺右，左侧塔一，高约七丈余。距寺数百步为双泉桥，明翰林院修撰云间钱福撰记，弘治七年立……明人香盘禅寺碑略：都城西四十余里有寺名双泉，有山名翠微。泉山幽胜，甲于他山。金章宗明昌五年，诣其寺潜暑。寺有双泉，因而得名。"

金水院一般认为是北安河金山寺，素以"三绝"闻名，第一绝为公孙林，公孙树即银杏。第二绝为金山泉，泉水清凉绵甜，沁人心脾，至今仍有人前往那里接山泉水饮用。第三绝为玉清殿的关公塑像，体形敦实，目光严峻，双手抱笏，仪态威严。

"八大水院"依山傍水，将帝王的休憩需求与山水景观的发现、改造相结合。金章宗从全国各地征召造园大师和匠人，将南方的造园技巧和北方的自然山水巧妙结合，使得建筑风景因为一些地标性的景点而形成了持续而深入的观照和独特审美，这也是明清文人能够写下大量西山诗文的最初动因。

二、群山风景美如画

北京西山与五岳等名山不一样，它不是单独的一座山，是群山。"西山"是个再平常不过的名字，中国有很多西山，单是见诸典籍、志书的著名"西山"就不下几十座。似乎只要是一座城市的西面有山，多数都会被人们习惯性地称为"西山"。同样叫作西山，杭州、武昌的西山也留下了不少著名文人的吟咏。但北京西山是一个连绵的群山，

"西山内接太行，外属诸边，磅礴数千里，林麓苍莽，溪涧镂错，其中物产甚饶，古称神皋隩区也。卢沟、琉璃、胡良三河，山水所泄，多归其中。其水皆藻绿异常，风日荡漾，水叶递映，倚阑流览，令人欣然欲赋"。一般史籍在谈北京西山时多半用如下界定："京城之西三十里为西山，古所称隩太行之第八陉也。其山因地立名不一。今举其表著为游人屐齿所及者则为香山、玉泉山、瓮山、卢师山、平坡山、仰山、潭柘山、罕山、百花山、聚宝山、白鹿岩、翠微山、觉山。而诸山中为岩、为洞、为岭、为峪，其立名者更不一，而总之谓西山"。这是清初人的界定，随着后来交通日趋发达，西山的范围还在不断扩大。人文角度的"小西山"边界也向地理角度的"大西山"不断跨越。

香山胜在古色古香，有山有水，而且离城市很近。现代作家端木蕻良的《香山碧云寺记》中谈到游玩香山的便利，"城市里的居民是不能常常看见山的，但是，住在首都的人便会有这种幸福，倘你路过西郊，猛然向西一望，你便会经历一种奇异的喜悦，好像地平线上突地涌现了一带蓝烟，浮在上面的绿树，也几乎是历历可数。当这个时候，你就会记起元代爱国诗人刘梦吉的村居杂诗来：'邻翁走相报，隔窗呼我起。数日不见山，今朝翠如洗'。你就会恍然地更明白这诗里所包含的感情，就会更爱上这首诗了，多么简单啊，偏偏能道出你心中要说的话来。刘梦吉很爱陶渊明，他有许多诗自己标出是拟陶渊明的。他急着要看山，就是这急得好。原来中国人看山，也并不都是那么'悠然'的呢！当那西郊的居民或者是一个幸福的过客，纵目望着西山的时候，眼晴就会止不住地看在山腰一片松林上，这一片密密的松林就是驰名的森玉笏，从森玉笏爬上去便是鬼见愁，游过西山的人常常会以爬到鬼见愁上面引为骄傲的呢！原来香山的最高峰一个是鬼见愁，一个是翠驼子，鬼见愁和翠驼子之间有个山坳，下面有片大松林，松林下面便是碧云寺，这一带都是风景最美的地方"。

碧云寺与香山经常并提，但其实碧云寺应属于聚宝山。聚宝山的美在于金碧辉煌的外观，明代文人沈守正的《游香山碧云寺记》中写碧云的精整，云"碧云寺精整胜香山，而疏旷逊之。独寺后一泉出石根，冬夏不涸。导为方池，植白莲其中。上有亭，大小二。池前修竹一林，清潇可爱。予自渡江，久别此君，婆娑不忍去，微风徐来，簌簌如相絮语。泉绕寺中，庖湢皆资之，恨其从屋溜下过，安得好事引为流觞，可坐可歠，亦一大胜也"，写得宛如天界。

玉泉山以水胜，明初王英有诗形容："山下泉流似玉虹，清冷不与众泉同。"山因泉得名。泉水自山间石隙喷涌，水卷银花，宛如玉虹，明代以前便有"玉泉垂虹"之说，列为燕京八景之一。明代文人朱长春的《玉泉山记》说了游西山从玉泉开始的原因，"西山之胜众矣，不能纪，纪其所过。游自玉泉山始。其泉流为西湖，玉河发焉。车马遵涘以入其山。于诸山突而前，延延远望，如釜首戴土犹冠也，近削立而尊如屏，华严寺南倚之。寺毁，存其寝，拾级升，有平台，望湖焉，见帝都焉。壁当寝后，洞在壁间，洞户沈沈黑，若无人者，入久而白煜光照其上，下乳如露，尽其洞四丈而修，广丈有奇，左右石床，最里见石龛也。暮，僧燃苇薪助之，后见两石壁诗，自元丞相揭里以来。其上又有洞，其顶有故金芙蓉宫址，章宗避暑宫也。未至山之右，挠枭而蛇盘，曰金山寺。自华严而下，度三石桥，折水而门临之，水清鉴毛，石齿齿然，藻蕴蕊蕊然，其中无鱼，阴水也。金山观不如华严，轩楹差之可以寝处，客多宿者。右盘而西北，缘冈而途，蜿蛾以曼衍，皆山也。"交代了玉泉的来龙去脉，以及寺洞之美。

瓮山的妙处是能够左右顾盼，东可望都城，西可望诸山。明代倪岳的《游瓮山诗序》里写出了它观景位置佳的特点，"瓮山在都城西三十里，清凉玉泉之东，西湖当其前，金山拱其后。山下有寺曰圆静，寺后绝壁千尺，石磴鳞次而上，寺僧淳之晶庵在焉。然玩无嘉卉异石，而惟松竹之幽，饰无丹漆绮丽，而惟土垩之朴。而又延以崇台，缭以危槛，可登可眺，或近或远，于以东望都城，则宫殿参差，云霞苍苍，鸡犬茫茫，焕乎若是其广也。西望诸山，则崖峭岩窟，隐如芙蓉，泉流波沉，来如白虹，渺乎若是其旷也。至是茂树回环，幽荫蓊蔚，坳洼停潆，百川所蓄，窅乎若是其深者，又临瞰乎西湖者矣。故夫有事于游者，沿城隍，逾高梁，缘长堤，历崇冈，穷兹山而止，攀援而登，箕踞而观，于是云开日晴，川流山拥，草木之蕃，鸟兽之动，回巧献技，若迎若送者，则有不必穷深极幽而西山之奇一览俱足者矣。然后知是山之特出，殆冠乎西湖之上，而余之游于此者亦已三矣。是日退朝，出阜成门，行廿里许，遂抵湖堤，俯入林麓，回绕而西，湖波粳田，映带左右，水风时来，尘意俱散。又数里，复转而北，山水蔓络，郁然而青，苔迳透迤，坦然而平，石梁可涉，潺湲水声，此则所谓圆静者矣。乃相与下马摄衣而行，求晶庵而登焉。至则僮仆俱在，稍具杯酌，汲泉沦茗，已乃就座，清吟笑歌，忘驱驰之劳，引觞轩眉，尽游观之乐。风林暮色，雅兴未已，促驾而归，陶然忘醉"。

卢师山、翠微山的好处是风格淡雅，王衡的《再游香山至平坡寺卢师山记》拿香山的浓郁与其相比，"从香山东行，饭于善应寺中，东走涧道，寻卢师山。睹翠微一带，苍石碧瓦，掩映白杨深柏中，而新柳杏花，稀稠点缀，斜分倒插，尽有深情。盖香山如扬州花市，浓抹故佳，而此地则若耶曲径。其不厌正在淡妆耳。从卢师寺秘魔庵循东冈而至清凉寺，寺有古佛像，其前为平台，眺望其伟。自此下而南折，皆从山逻中行，花柳时可观。凡折数盘，涉五六庵而至平坡寺，寺一阁庋山颠，于远眺尤胜"。季节当令的花朵渐次开放，尽显自然之美。

潭柘山秀媚逼人，《天府广记》云："出京至马鞍山千佛阁及戒坛，至庞涓洞，逾二岭而至潭柘。潭柘以一培塿当群山心，九峰宸而立焉。志所谓老柘美竹者乌有矣。而两殿鸱工绝，则金元故物也。寺后故有龙潭，今已鏊为池，而其支委尚阔，去山数里，泉走石崖壁间，声甚怒，至寺桥而水益怒"，宛如北国江南。

仰山山如其名，众峰环绕，明翰林院学士刘定之在《重修仰山栖隐寺碑记》中写道："京师之西，连山苍翠，蟠亘霄汉，所谓西山是也。仰山乃其支垄，而蜿蜒起伏，特为雄胜。所止之处，外固中宽，栖隐寺据之，创始于金时。金之诸王，屡尝临幸，有章宗所题诗在焉。固以宗奉其教之故，亦爱其景而然也。今其遗迹犹可指数者五峰八亭，北曰级级峰，言高峻也，有佛舍利塔在其绝顶。西曰锦绣峰，言艳丽也。锦绣峰之外有水自西折而南，又折而东，水外正南为笔架峰，自寺望之，屹然三尖，与寺门对出乎层青叠碧之表。寺东曰独秀峰，西曰莲花峰，是谓五峰。金主之幸寺也，群臣从之。于寺东山口有接官亭，又至于寺东有回香亭，又至于寺门，双亭对峙，东为洗面亭，西为具服亭，盖将由此以入谒于佛也。寺之正北有列宿亭，列宿之东北有龙王亭，亭下水一泓，清而甘，南流入于方井。龙王之东北有梨园亭，寺之西北有招凉亭。招凉、梨园皆最上，在级级峰左右。是谓八亭，皆金主所尝至也。环寺之地若干里，章宗以定四至：东则羊头石，南则豆平石，西则铁岭道，北则落地庵。"五峰八亭，蔚为大观。

银山景如其名，峰峦高峻，冰雪层积，明代李元阳如此记述，"晓起骑行几二十里，路人乃云赤独子，去密云已旬日矣。众相顾色阻。南沙谓予曰：银山独壁，去此不远，盍往游焉！遂折北而去，诸君相尾问程，或言远，或言近，各有难色，迟回不进。南沙与予恐为所阻，遂策马疾驰，行六十里，至邓隐峰道场，八角亭东北有铁崖壁立，石色荧然，顷之月出，烂如银界，洗盏更酌，夜分不寐。明日将挂杖登顶，寺僧曰：顶由阎王鼻行，僧住此十余年，亦不敢度。予二人笑而不听，竟趋鼻侧。山脊如刀背，仅容一足，长约十步，两旁如削，下临万仞，不可凝视，罡风吹衣，足不能立"，银山铁壁，在黑白两个纯粹的颜色对比中产生出迷人的幻境。

驻跸山在昌平西南二十里[1]外的阳坊镇，以山石怪异而著称，明人王嘉谟写出其壮丽，"自高梁桥水度至白浮，瓮山，出蓟县境。瓮山斜界百望。是山也，南阻西湖，神皋兰若皆萃焉。北通燕平，丛丛碌碑，背而去者百里犹见其峰焉。是宜禾黍。山之阳有祠焉，高十五丈，登之可以望京师，可以观东潞。出百望十里为长乐河，河水不甚阔而驶。又北二里为玉斗潭，潭箕圆仅丈，腐草罨之，深不可测，或云是有物焉。有两牛斗而饮，陷于潭，辄不可得。又北十里为灌石，驻跸山在焉。其山长西北袤凡二十里，石皆壁立，高可十余丈，嶂沓敧危，如坠如挽。前临平川，一望无际，孤堠时隐，猿鸟悲号，行者凛凛。西望白虎站，深若天井，湛碧难尽。山之上有台，是名栖云，金章宗尝游焉，登台而啸，题石而欢，下而观于野，盖燎而猎焉，召其酋长大人击球，俄而自击也，乃叹曰：美哉

乎而谁见之！山下石床石釜俱存。山之西有洞，是名寒崖，势殊奥邃，中多异草奇石灌木，随风扬芬，四望则惟北多岨云。寿宫之成也，上自狄村游于浑河，是尝驻跸。自驻跸而北，皆崇山也，连缀匼匝。又砂砾延缘崭间，白石崭崭，春夏雨潦，则成巨浸，樵采不达"。

毗邻驻跸山的雅思山幽晦多雾，人迹罕至。林间时有异花奇果、孤石飞泉，《天府广记》载："又北二十里许，乃从西折斜入南谷，有聚焉，是名漆园。园之南有山焉，是名雅思。是山也，幽晦多雾，富有果蓏。山陷而为坎，有池焉，浚冽如露，是名露池。有比丘一人，土人敬事之。自园而出，再由走集西十里许为高崖，崖下有泉绕其聚，四面皆山，蔚洞森萧，旷如也。又西北十里许为清水涧，是涧也，两山如门，行可二十里，山皆奇峭巃嵸，山中飞泉彪洒，或决地，或分流，淙汩树木之间，推激岩崖之穴，青如乱鬈，白如吹絮。仰视重峰，时有孤石之揭揭，沈黯迷离，天气自噎。崖间百合、忍冬、棠杜、牛奶、相思、郁薁、黄精、唐求之属，渗味扶芳，烁红隐翠，飞沫击枝，坠而复起，新实含濡，落而不变。奇禽异羽，嘤嘤满耳，鸟窠雏囮，遍其岩穴，山鹿之麑，豪猪之毛，丰茸随风。溯流而行，高高莫极。有岭焉，名曰鳌鱼。又西里许，山益峻。有兰若二焉，上曰松阳，下曰金鹰。其上独多松，合抱而数丈者有三，朴樕者万计。登之而望，则大山屏张，雪然斜开，则金鹰在焉。金鹰下控大岩，岩吐百穴，汇而为湖，决而东流，有为清水之源。迤逦以东，下山折坂而南，蓊然红艳，仿佛有光，有径焉曰六十，屈折污邪，黄芦白沙之间，可六十折。再由走集又西有陉曰

012

十八盘，息壤如金，郁勃而立，狭可容人，可十八折。登顾徘徊，西则植立夹持不暇停足，俯视斜柯洪枝，匝藤萝而舞鹍雀者，深深莫极。旁眺则北山矗矗，一阴一阳，闪倏孤日，含濡云彩。山之上平衍，西五里有岭焉，是曰长城。苍黯高耸，下视前坂，其巅瓦砾纵横，微有雉堞，剥蚀沆瀣，是曰秦皇之址。"

上方山被赞为幽燕奥室，曹学佺的《上方山记》写出其雄奇险瑰，"出房山县行六十里，所过村落曰瓦井，曰天光，曰孤山口，皆与山势为升降，过孤山口则崇山如环，幽溪如带，时时涉溪沿壁，践苔扪萝，乃至麓。有一庵焉，为诸峰所覆，如狻猊之昂首也。巉岩两壁相距，中开一线，鸟道盘旋，五里至石梯，梯即巨石，五丁凿为坎，仅容半跬，高数百磴，左右两铁绠，长百尺，山巅下垂，陟者缘之，手与足分任其力。盖左迫无极之岩，而右临不测之渊矣。梯尽处有小庵可憩，折而东北，可一里，至山门。入门始昂首见诸庵纵横稠叠，处于悬崖峭壁蒙茸之内，如鸟巢然，所谓禅栖也。独上方寺正中，如负扆以居，蹑千百磴，始可到。旁有两涧流下，闻而不见水，其上有冰封之耳。又东折而往，则连岩层阴，雪堆未化，独有古柏青青，龙蟠虬舞，出雪之上。其岩轩揭如厌，奇秀如云，穿注如蜂房燕垒，岩下有泉，深三尺，广倍之，面一平台，又十倍之"。难以攀登的上方山总能制造惊喜，在山穷水尽时豁然开朗。

石经山位于房山西南，也称为小西天，是天然景观与宗教想象的绝佳结合，《天府广记》云："范阳怀玉乡西北，山水秀异。出独树村，北行四里许，两山对峙，外隘内豁，小溪中出石峰，参差如犬牙，水触石流，潨然有声，沿溪前行十数里，有巨石数十，横布水中。蹑之以渡，登平冈而望四山，多离绝之势。峰峦峙立，如书空之笔者，不可胜数。其中一山若火焰，而草树独茂。问诸牧童，知为田带山，而小西天之境在焉。迤逦至山麓，壁立似不可登。徐望之，有磴道，循山之偏脊直上。行者前后顶踵相接，凡三憩息始及山之半，有石室题曰义饭厅"，与之相辅的石经洞、云居寺也都是宗教在自然景观中的物象化。

三、妙手写出西山题

　　风景与文章一样，都需要一定的主题提炼。成熟的风景往往是靠风景主题众口相传，为人熟知的"燕京八景"就在于将自然物象的美感通过高度浓缩以四字的方式呈现。在这八景中，西山积雪、玉泉垂虹和卢沟晓月是直接与西山有关的，西山风景当然远不止这三处。

　　如果按地理意义上的大西山来说，一部西山文学史应将唐代著名诗人贾岛的《渡桑干》一诗（客舍并州已十霜，归心日夜忆咸阳。无端更渡桑干水，却望并州是故乡）视为书写西山的开始。贾岛早年家境贫寒，曾居住在房山石峪口石村，遗有贾岛庵，算是与西山最有渊源的唐代诗人。自贾岛去世后，贾岛庵成为唐末诗人的一个书写主题，这也算是西山的第一个人文景观。宋代由于统治疆域的缘故，真正能目睹西山的文人一般是使节。在行色匆匆的出使过程中，宋代文人看到的多是朔风寒漠的笼统意象，对于西山的细微景致还不能一一品味。北宋的苏

辙出使辽国时，其兄苏轼在《送子由使契丹》一诗中想象北国风光是"沙漠回看清禁月，湖山应梦武林春"，南宋范成大出使金国时已经写到卢沟桥。金代帝王热衷文艺，以"八大水院"为主题写了一些诗，为了解当时的风景提供了必要的史料，诗人赵炳文、周昂等人写过卢沟、香山等主题，但由于当时文学传统常常受汉族王朝统系影响的原因，他们的诗歌到很晚才被发掘出来。元代诗人书写西山的更多，尤其以耶律楚材、萨都剌和揭傒斯的成就较高。耶律楚材后来葬于玉泉山麓，也为西山增添了新的人文景观。金元时期的西山诗歌除了对燕京八景相关主题的发挥外，更多关注的是边塞主题，这与王朝连年征战有相当大的关系，因而对山水寺观的品题也算不上很多。

明代是文人书写西山的黄金时代，物质上的富足将游山玩水推到一个新高度。尤其是明成祖迁都以后，进京赶考的举人们在翘首期盼考试结果之际会深度游览一下西山，文官在政务之暇也会入深山探幽。由于交通的原因，明代文人游览西山的节奏很慢，往往一个景点就能够盘桓数日，如此方能品味其中佳妙之处，当然有时也会因为兴味索然或者天气过于寒冷而中途返回。如果还原一下当时最习惯的游玩路线，可能会是这样：西直门高梁桥通常是去西山的起点，暮春时节在此能够赏柳会友，还能观赏到各类民俗表演。沿此去极乐寺，可以听闻松香鸟语，还能听听戏，傍晚时分在寺左的高楼上能够眺望西山，也可在摩诃庵歇息。万历年间，寺内的诗僧非幻、琴僧无弦如同今日之驻唱歌手，吸引着宇内的文人雅士与之酬答应和。海淀的私家园林独具特色，如果有幸收到米万钟的邀请，就能欣赏到极尽奢华、巧夺天工的勺园。如果对奇石假山还没看够，可以去温泉看看黛石，去法云寺看看石山。经过这些外围的游观，可以慢慢进入西山的"正题"，那便是林间古刹、山间幽泉、峰间玄洞和险峰绝壁。香山寺、碧云寺、卧佛寺和潭柘寺这些充满传奇和传说的寺观承载着文人们在入世与出世间的思索；裂帛湖、水尽头和卓锡泉传达了深山的幽娴之姿；宝珠洞、云水洞和化阳洞尽显自然的奇丽和壮观；香炉峰、中峰、极乐峰和妙高峰等一座座奇丽的高峰都等着文人们去饱览，去歌咏。

明代文人书写西山向纵深发展，一是出现了力图表现西山全貌的组诗，这其中以李东阳的《西山十首》和文徵明《西山十二首》最为出色。李东阳的组诗展现了一个人在都市居住太久之后，渴望到山林中寻求慰藉、荡涤心胸并付诸行动的一个过程。第一首写自己的繁忙以及对西山的渴念，"日日车尘马足间，梦魂连夜到西山"；第二首写遥望西山的感受，"日照西山紫翠生，雨余秋色更分明"；第三首写模仿醉翁真意在于山水之间，"也识醉翁非爱酒，笔囊茶具自相随"；第四首写古刹中的声音增加了深山的幽静，"钟声过院日初午，琴响入空山更秋"；第五首写山间风雨秋声飒飒，"望入楼台皆罨画，梦惊风雨是秋声"；第六首写香山的诸峰绝顶，"诸峰绝顶香山路，振袂须乘两腋风"；第七首将香山同庐山进行对比，"匡庐句好终难好，愧杀当年李白才"；第八首写离开都市的悠闲，"湖山胜概此庵足，城市幽期何处寻"；第九首写出写诗的随意与尽兴，"应爱帝城风物霁，诗成不为黑云催"；第十首借古寓今，写出西山的静谧，"山家犬睡门初掩，僧寺人归榻已虚"。这一组诗较少提及西山的具体景致，但写出了一个被牵绊于公务，希望到西山寻求片刻安宁的人的心境。文徵明的十二首写了十一个具体的景点，分别是西湖、玉泉亭、望湖亭、吕公洞、功德寺、水源头、登青山、来青轩、弘光寺、碧云寺和弘济院。基本是以玉泉山和香山为主，在最后一首诗中，文徵明用"西山寻胜"来为整个游历做一提升，"有约城西散冶情，春风辍直下承明。时清自得闲官味，胜日难能乐事并。马首年光新柳色，烟中兰若远钟声。悠悠歧路何须问，且向白云深处寻"。文徵明对西山的湖光水色尤其在意，这一组诗更多概括出西山山水之间的交融。

另一方面，明代出现了专门写西山的游记散文，从都穆的《游西山记》开始，写西山全貌或单个景点的散文多不胜数。从文学价值上看，写得最好的当数明末公安三袁（袁宗道、袁宏道和袁中道）。三袁能写好西山的主要原因有三个：一是他们的文学技巧高明，作为明末小品的代表作家，他们的文章冠绝一时；二是他们喜欢游山玩水，尤其袁宏道和袁中道几乎走遍了当时最有名的山水，这让他们能在一个对比的高度上说出西山的妙处；三是他们都在北京居住和生活过不短的时间，这对于沉潜玩味有很大的帮助。袁宗道的西山游记价值在于拓展了西山的书写范围，在他笔下，上方山和石经山等更远的山被作为审美对象，而不仅是探险对象来观照。袁宏道笔下的西山充满了灵性，他对高梁桥和妙高峰的记述可能是迄今为止写得最翔实和最唯美的相关游记。袁中道的西山游记在三人中成就最高，不仅有十篇《西山十记》以系列全景的姿态展示自己的游程，还有以卧佛寺、法云寺、极乐寺等十一篇专门小志来写西山各景的优胜与特点。可以说袁中道的西山游记几乎是明代西山的一部小百科。

在明代还出现了一部对西山诗文进行系统编辑的《帝京景物略》，此书的编者刘侗和于弈正是当时著名的文人，于弈正本人是宛平人，对北京的风土人情极其熟悉。虽然这部书主要是编，但其中的按语和一般性介绍不仅翔实，足备史料采择，而且还充满了文学性，引人入胜。西山虽然只是该书中的一部分，但它的选择和分类确定了一个相对较为狭窄的小西山范围，尽管这会将上方山、石经山等遗漏在外，但单从景观的类别以及同京师之间的距离来说，可能是其后很多人心目中西山的大致范围。这部书以诗选的方式采择了明亡之前的绝大部分相关诗文，为后人了解西山的诗文情况留下了最宝贵的材料。

与明代的全面繁荣不同，清代的西山诗文数量虽不少，但出现了比较大的变化。第一个变化就是皇家园林的大规模建设和扩展如同圈地一样，将不少别致的风景框进了禁苑，帝王游览的频率大增，相应地，清代帝王写西山的诗作呈井喷状态，清代御制诗的很多作品都与西山有关。再加上碰到像乾隆这样雅好文艺的皇帝，大凡西山可能有的景致都被吟咏一个遍。不少景点都被重新归纳，并以刻石题匾的方式让游人知晓。乾隆的诗歌水准常受到质疑，像"我爱碧云寺"这样的诗句不时出现，确实会使审美价值受损，但乾隆不少诗歌的序言却可能是最好的史料，用来辨析方位，考证沿革。第二个变化是由于皇家园林的一些限制，满汉之间阶层的不平等，写西山的文人多是宗室子弟和满族文人，汉族文人在西山诗文上的贡献并不多。除当时汉族文人不容易进入最核心的官员阶层，很多在京为官的文人多半居住在南城，清代中后期出现的宣南文人群体就很能说明这一问题。第三个变化是清代出现了不少西山画作，一些题画诗也成为西山诗文中的一个新变化，就是经过了画的媒介后，又通过诗歌来想象和还原。中国诗与画的密切关系使得风景更

容易先经过画的媒介再成为诗歌品题的来源。

现代文学中的西山可能是一个更复杂的问题，里面牵涉语言、文体、风格及表达意识等方面的变化。在新文化运动之后，山林文学同贵族文学都被视为旧文学，文人士大夫的游记被视为无关人生、社会的闲文，而白话的使用也使得表达山林的各种传统受到质疑。尽管如此，在散文、小说乃至诗歌等文类中，也还能看到西山或隐或显的影子，最重要的是现代作家们依旧在写西山，只不过角度有了一些变化。从单纯自然物象的赞叹开始朝城市与山林、玄想与人生等多元层面展开。白话散文中的西山依旧精彩，出现了不少佳作，像周作人的《西山小品》、王统照的《卢沟晓月》和熊佛西的《北平西山的红叶》等。沈从文、张恨水的小说里也有西山的背景氛围，而在诗歌中，胡适等人也写过西山的白话诗。本书对现代文学作品中的西山处理较为慎重，仅列入有明显标识的，而其他相关但无明显标识的作品不列入。

本书按历代西山诗文热衷表现的主题进行了阅读分类，按以下七章进行叙述：

春秋四时；夜宿晓起；雨雪风云；奇树怪石，幽泉玄洞；险峰秘崖，游鱼啼鸟；长堤柳桥，孤亭高台；繁花静月，禅意梦境。

李彦东

2019年6月

诗文印象

第一章 春秋四时

西山春夏之交，晴云碧树，花气鸟声，秋则乱叶飘丹，冬则积雪凝素，种种奇致，皆足赏心……

——蒋一葵《长安客话》

不逢北国之秋，已将近十余年了。在南方每年到了秋天，总要想起陶然亭的芦花，钓鱼台的柳影，西山的虫唱，玉泉的夜月，潭柘寺的钟声。在北平即使不出门去罢，就是在皇城人海之中，租人家一椽破屋来住着，早晨起来，泡一碗浓茶，向院子一坐，你也能看得到很高很高的碧绿的天色，听得到青天下驯鸽的飞声。从槐树叶底，朝东细数着一丝一丝漏下来的日光，或在破壁腰中，静对着像喇叭似的牵牛花（朝荣）的蓝朵，自然而然地也能够感觉到十分的秋意。说到了牵牛花，我以为以蓝色或白色者为佳，紫黑色次之，淡红色最下。最好，还要在牵牛花底，教长着几根疏疏落落的尖细且长的秋草，使作陪衬。

——郁达夫《故都的秋》

名山和秀水本就是天地间的造化，再碰上周而复始的季节变化，很容易组合成绚丽的画卷。西山春秋四时之妙还在于，它既有好山必有的特质外，还与皇城有着若即若离的关系。元明以降，文人士大夫大多都有在北京居住停留的经历，在他们的京师印象中，西山必定会是一个不能遗漏的胜景。春天有着直观的美，出门春游自能逢着花香鸟语；夏天是果实的

季节，消夏避暑固然相宜，穿行山道也可能碰到不错的美味；秋天让人追忆，尤其是对于曾经居留又离开北京很久的雅士文人们来说，秋思有着丰富的含义；冬天能将大自然最严酷的一面，通过雪景的恣意挥洒来成全西山最极致的美。

一

好春只合与山分

春天更容易跟水联系在一起，"春江潮水连海平，海上明月共潮生。滟滟随波千万里，何处春江无月明"，传唱千古的《春江花月夜》在起首四句连用两次"春江"，几乎奠定了春天与江水的天然同盟。在邈远的背景中，人生感慨和宇宙意识实现完美统一。"春江水暖鸭先知"是苏轼题画诗中的名句，巧妙地将万物复苏和生长的主题添加到已有的春天与水对应的诗歌惯例中。"春风又绿江南岸"虽然没有明言水，但还是离不开水的衬托。春意盎然似乎更贴近于江南水乡，而对于有山少水的北京来说，美好的春天想象更多要依赖于西山。

（一）春山

元末诗人郭钰的《香山道中》这样写道："山深春寂寞，花落自缤纷。涧水趋桥去，冷冷清可闻。雨过新苔滑，日晼疏林曛。冉冉一僧归，

踏开松下云。"起首两句转换借用王维《辛夷坞》的"涧户寂无人,纷纷开且落",王维诗中透露的寂寞和惋惜设置在无人在场的情景下,虽说是"无人",但也提醒了人的存在。郭钰诗中却完全将寂寞转移到春天,"深"和"寂寞"本来都可以是属于西山的,不过在春天来临时,春天开始分担了山的寂寞。花落虽然没人怜惜,但也缤纷自得。由"涧户"变为"涧水"虽只有一字之差,但后者更在意实景描写,在没有"春江"或"春水"的壮丽时,写写春天的溪水如鸣佩环也别有生机。后四句要为安静的春山带来一些动态的变化,在景物上布置了新苔和疏林,而远处归来的僧人为整个山景图添上了一个远景和说明。空山新雨后的深山里,远离世俗的修行人如同行走在图画中。

空灵的画境固然美好,但如果在春日山间再来点雅致的游戏则游兴会更加浓郁。吴甡的《春日香山寺,同曹元之、沈云升围棋》用围棋来助兴春游:

春日香山春草萋,来青轩俯碧云低。
觅将胜地呼朋往,赋得新诗厌壁题。
阶药蕊翻初胃蝶,山松花放别成蹊。
围棋古木苍崖下,疑与松云共一栖。

004

吴甡，是明崇祯帝时的重臣，同时也是一位名医。他的这首春游香山寺写在明亡之前，当时他与朋友一起到香山寺游玩，看到春草萋萋，晴云碧树。看风景的同时，在古木苍崖之下下盘围棋，从诗题上看，下围棋时肯定是两个人在全身心投入，而另一人在观棋，观棋者同时也感受到春天的蝴蝶和山花。此诗通过一个"多余者"将风景带入游戏，也通过两个对弈者将游戏带入风景。在17世纪的某个春日，三个好朋友的春游对弈便成了回到香山寺记忆的一个通道。

（二）春意

北方的冬天绵延时间较长，难免会将冬天的景象带入到春天。明代文人薛冈的《早春游摩诃庵》里就将两个季节的交替写得自然而然，"幽僧开小院，残雪在诸峰。易老客中岁，难闲郊外踪。行林看嫩草，绕屋肃高松。此意惟君与，同听日暮钟"。僻居的僧人打开禅房小院，就像打开一幅画面，看到的是西山诸峰的残雪。第三、四句是借前面的幽僧进行发挥，讲的是居留京城，孜孜以求闻达的读书人始终有做客心情。而随着经常碰壁和难有发展，在京城的岁月也越来越难熬，偶尔去郊外游玩一下也难得有好心情。在林边行走看看嫩草，绕着屋宇都是高大的松树。此种心情可能也正跟幽僧相同，听到日暮的晚钟不免思绪万千。

"摩诃"是梵文译音，有大、多和胜的含义。摩诃庵建成于明嘉靖年间，衰落于魏忠贤当政时期。它的位置正好处在山与市之间，可以看到西山，离都城也不远。春天时柳花、榆钱和松子遍地，曾引发过很多文人的吟咏，号称"诗庵"。于慎行的《暮春游摩诃庵，听无弦上人弹琴，因饮

南园》写出了春天的另一个景象：

> 暂过西郊寺，情知隐者贤。
> 百花春夜雨，一饭讲堂烟。
> 韵事乐酬酢，清时容醉眠。
> 琴诗听即好，为以静人传。

> 别有幽园胜，偶来人自幽。
> 僧茶陪客酒，藉坐节林游。
> 雨色先惊幌，钟声远过楼。
> 仆催归路晚，晚更一宵留。

　　暮春时节多雨，在夜雨之后的白天，作者来到摩诃庵。他要探讨的隐者就是无弦上人，是明万历年间京城著名的琴僧。他的琴艺高超，很多文人、官员都慕名拜访，为能听他弹奏一曲。第一首传达的是作者乐在其中，并不刻意去理解琴中真意，不过是品味其中的安静。第二首刻意从"幽"字入手，强调"心远地自偏"的道理。摩诃庵虽是禅寺，但在万历时期却是一个比较热闹的场所，除了琴僧无弦外，还有诗僧非幻。常年居住京城的文人士大夫在退朝无事后会到此盘桓一下，不少入京公干或赶考的文人也会慕名而来。为的是能听听琴僧的高超演奏，再与诗僧唱和一番。明代文人与僧人之间的互动本就频繁，再加上有美景所在，便会出现"僧茶陪客酒"的热闹。当雨色、钟声和童仆的催促一块到来时，倒更容易让作者产生多留一宵的愿望。于慎行，字可远，后又改字无垢。从他改字的情形看，于氏在道德上追求纯粹。作为万历时期的阁臣，他最为人称

道的是在张居正死后极力保全其家门老少，不避嫌疑的仗义。他在五言诗上有着其独特见解，对同时代不少诗人过分崇尚魏晋五言持批评态度，认为其"意象空洞"。在上面两首诗中，于慎行始终围绕"听琴"主题，但从未落笔刻画琴声，而是以外部环境来烘托无弦上人在不怠慢客人的情形下仍然能保持幽僧的持重，能够令人产生持续的期待，甚至还想再住一宵。

（三）春花

春花秋月常常并提，作为感悟人生的两大物象。春天户外看花，虽不只是文人雅士的专利，但在他们笔下，总会有意想不到的惊喜。明代文人王衡的《春游香山记》记述的就是万历十六年（1588年）他与好朋友的一次游山访花经历，"今岁戊子春季之二十二日，约友人张益之、陈锡玄、张仲立、郑子游香山，以了花事，而以卢师足之。比期，而仲立以事辞，锡玄复拉入他队中"，当时游山的"小团体"不止王衡他们一组，"余与张益之、郑子瞻、周生如春者且行矣，而黄风如矢，益之又谢病归"。在出发路上，又有人害怕大风，立场不太坚定回去了一个。三人一路上迎着风，看到了繁花胜雪，"余三人独当风行，葆发盖面，蹇且不前也。已至高梁桥而风窦然，柳枝不摇，巾角微拂，子瞻顾谓余：是风留花耶，抑花留客耶？余笑曰：嘻，互有之。半里许为真觉寺，寺前浮图高五六丈许，而上为塔五方，陟其顶，山林城市之胜收焉。余语子瞻：此不当胜天坛耶！吾于此订雪盟矣。由真觉寺缘湖堤，堤柳婀娜妥水，色油油然，而其下则芰芽蒲戟，虚著柳丝，鸭绿正与鹅黄相贴。顾尚不多得花。初见花数十树，或百树，则纤骑赏之，以簪余帽且满。已而去城渐远，花渐繁，

则当马首者视之，已则左右指而已。小憩于望湖亭，俯而窥泉，以所佩花尽施之池，清飔或来，红翻绿皱，悠然有春江花月之想"。遥望山中，且看见花事如云，"余乃以杯酒坐花瓣上，候于桥左杂水二亭，因呼子瞻和花嚼之。自亭右沿山膝行，又朔一小村，而香山、碧云始见。见山以上下皆漫漫遥白，余曰：云也。子瞻营视不应，徐而曰：其云耶？将无是英英者耶！已而问之山农，乃真杏花也。始大叫以为奇绝"，尤以卧佛寺为最胜，"相羊至卧佛寺，面面皆花，而一绯杏据西原上者，大可盈抱，且殊丽。三人缘而上，则枝轮樛覆，若倒挂茱萸网，网外复施百步锦障。余骀荡不自持，而日且晡矣"。如果再来青轩这样的高点上看，"从轩前望花如春后薄雪，鬖鬖满野，而不蔽纤浓草树之观"，由此想到"烟柳"这个词应该重新认识，"予与凭轩指画诸胜，次及新柳，余曰：人尽云烟柳，烟安得柳容？其似者正在露叶时若眠若起、半空半色之间耳"。西山春花如此绚烂，在细致的笔触下更显得摇曳动人。

（四）春思

同样是在春天面对风景，与诗僧晤谈，徐爱的《陪阳明先生游香山，夜宿林宗师房，次韵》更着意从哲思层面升华风景：

> 春寻郭外得幽情，杨柳迎风绿意生。
> 良快山堂无世虑，却嫌寺主盛诗名。
> 林深风细钟音定，月正烟微野色平。
> 有鹤摩云来暂息，嘹然临去一留声。

　　徐爱，字曰仁，号横山，是明代儒学家王阳明的高足。他的一生很短，也没有特别传奇的经历，但就凭在《传习录》中与王阳明的对话就足以成为儒学发展史上不可绕过的人物。王阳明经常带着学生一块游山玩水，这一点与孔子很相似。春游本就是儒家教学中的一个高明方法，在《论语·先进》篇中，孔子与学生各言其志时，曾点有一个温暖而动人的描绘，"暮春者，春服既成，冠者五六人，童子六七人，浴乎沂，风乎舞雩，咏而归"。这个描绘几乎成了儒家师生关系中最美好的一页，徐爱陪着王阳明春游时，除了观赏美景外，其实也是一个学习和自我修炼的过程。首句"春寻"是"寻春"的倒置，好处是更有诗味，而"寻春"更像散文的叙述。"幽情"其实就是指超越于世俗有着自我发现和内省的情感。对句中的"杨柳迎风绿意生"将生机盎然的春天呈现出来。三、四两句说的是本来在香山寺幽静地思考宇宙人生很不错，可惜的是林宗师的诗名远播，导致很多不能避免的酬酢。第五句是从声音来写夜景，在群山环绕的寺观里，夜晚的声音越来越静。第六句是从画面来展示夜色，局部化用了杜甫"星垂平野阔，月涌大江流"，此处无水，故用"烟"来补齐。结尾两句引入一只鹤来打破平静，反着使用了柳宗元《渔翁》诗中"烟销日出不见人，欸乃一声山水绿"。在柳诗中，使用一个声音来活跃起整个画面，而此处却是让声音反衬无边的寂静。徐爱的这首诗将写景完成当成了思考，林宗师的"盛名"和野鹤的突然发声都打断了思考本身，但正

是这样的干扰，才让作者看到自然生机与人为思考之间的界限。春天到来的时候，可能就是简单的绿意萌动，再多的思考可能只是对春意的误解和片段呈现。

二

松阴六月午偏长

夏天炎热，避暑消夏需要清凉山水，西山一带正是京师避暑的最佳场所。明清时的帝王很喜欢在这一带避暑，因为候驾也让文臣们费尽心力地写候驾诗。文人们自己也会挑在夏日到西山周围雅集。

（一）候驾

初夏时节的北方，温度正好，正是游人外出看山水的好时节，景物的变化在此时节最为显著。明清两代的帝王在繁忙政务之暇，常常会到西山一带消夏，自然也有扈从之臣写诗为其助兴。

明世宗新政时期锐意改革，但后来由于追封兴献王尊号问题上与朝臣闹得不可开交，慢慢地便沉迷于修玄求仙。朝政大多交于严嵩打理，皇帝多次到西山，侍臣们自然要陪侍在侧。姚涞的《初夏西湖候驾》写的就是侍臣们先皇帝一步在西湖候驾的情形：

倣趙令穰江
鄉清夏圖

烟开杨柳度回塘，如鹊如虹欲架梁。

鹭北鸳南原一渚，芦长蒲短自为乡。

龙舟彩色来西苑，宝刹钟声出上方。

纪瑞词臣惭肆夏，熏风先畔涌云章。

姚涞，字维东，号明山，是浙江慈溪人。他早年的考试并不顺利，但到嘉靖二年（1523年）高中状元，后充任侍读学士。他与嘉靖皇帝的关系并不好，主要就是在世宗追封其父兴献王的问题上持否定态度。但作为侍读学士，他还是常能伴在君侧，不时也要写点应景应制的诗。这首诗气度雍容，不愧为状元手笔。开篇即以杨柳布景，初夏时节的热度往往是通过轻烟薄雾来显现，在渐显开阔的场景中，西湖上空如同鹊搭建出彩虹桥。水中的陆地上聚集着南来的鸳鸯和北往的鹭鸶，芦苇和蒲草在水中怡然自得。遥远处已能看到搭载皇族的龙舟缓缓驶过来，耳后又听到寺庙里的钟声。等待的词臣们在想着怎么描述夏天的时候，热风已带着华章丽句扑面而来了。

（二）雅集

文人士大夫们选择聚会的时令大有讲究，春夏秋冬各有所适宜，若要说室外聚会，一般不会选在冬天。考虑到西山的气温比京城内略低一点，夏天聚会更方便一些。

林尧俞的《夏日集高梁桥禅寺》写的便是文官们在公务之暇聚会的情形：

行行西出郭，暑气入林消。

饮马初逢涧，听莺忽度桥。

趁阴移野酌，过午见归樵。

酒渴思清磬，山僧适见招。

一迳随流水，天翘到寺门。

故碑前代碣，新主旧名园。

山雨来花气，松风送鸟言。

淹留未遽返，暝色下高原。

　　林尧俞，字咨伯，号兼宇，明万历年间官至礼部尚书，以居官端直，多次与魏忠贤智斗而闻名于史。魏忠贤是明代宦官专政最为疯狂凶残的一个，自号九千岁，亲自提督厂卫（东厂与锦衣卫），残酷至极，人们避之唯恐不及，林尧俞却一再与其斗争，显其胆略与智慧。林尧俞又作《咏炭》诗，辛辣嘲讽魏忠贤及其阿附者，诗云："正是高寒欲雪天，聊为置汝铁炉前。休嫌面目皆成黑，也道薰蒸暂有权。残炙冷浆争附热，垂帘闭户苦多烟。应知倏忽阳和候，变作寒灰火不燃。"此诗与于谦的《石灰吟》一黑一白，前后呼应，为时人所传诵。林尧俞掌礼部，恭敬勤勉，尽心守职，不失风度，为熹宗所敬重加爱。主持庆陵工程时，相度独勤，周行霜雪中，不惮劳苦。熹宗驾幸太学时，车驾到雷园桥时拥塞，一时引导随从的大臣跟跄失次。林尧俞奏对趋跄，不失常度。为官兢兢业业，但也有生活情趣，这首写高粱桥禅寺的诗就很好地展现了他平常的优雅与从容。

三

秋老香山路

秋天虽美，但不好写。中国文人在悲秋主题上的长期浸淫，使得晚出文人落笔便处下风，容易掉进陷阱和俗套。好在有"远大抱负"的文人不在少数，书写秋天总还是能看到争奇斗艳和出奇制胜的好作品。写西山四季的作品中，写秋天最多，好诗文也最多。与泛泛写秋不同的是，西山之秋常常与山色、枫叶、古庵和冷月等结合。

（一）秋庵红叶

明代毛锐的《太和庵崔开予见过》结合水尽头的形貌写秋，将秋天具体化：

> 秋山肃霜容，秋庵夜气洁。
> 来我所怀人，茗酒深怡悦。
> 冻萤映窗飞，鸟啼晓将彻。
> 濛濛雾片时，乃见山分别。
> 数星枫树红，一段柏径折。
> 溪声出有踪，石际非霜雪。
> 夜语寐未成，朝光复难辍。

　　起首两句交代秋天的颜色是秋山赋予的，可以用肃霜来形容。秋天的清洁气息与秋庵联系在一起。在写法上可以说是"单刀直入"，一下就将想写的西山景物都用"秋"字来起头。在秋山秋庵中，作者同他的好友一块儿品茗喝酒，气氛是热烈的，但外部环境却写得很冷，像冻萤和鸟啼都写出秋山的寒意。最有特点的枫树星罗棋布在山间，红色的叶子星星点点显露出来，而沿途上由柏树组成的蜿蜒曲折，带着人朝水声淙淙的地方走去。零落在溪水旁边的树枝提示着水的源头，在黑白交错的林间溪旁，有时会误将石头边的白色当成霜雪。观景的作者和朋友因为夜里谈得太高兴没睡好，早上也没看到好的晨曦。诗写的是秋天好友相聚之后，在微醉微醺时看到的西山秋景，朦胧得恰到好处。

　　同是西山秋景，香山之胜更在自然物象，尤其是红叶。古典文人正面写红叶的并不多，但他们对香山秋天的爱很热烈，明代诗人叶仑的《秋游香山寺》开首两句"秋老香山路，高深霜叶迟"表达了对红叶的痴迷，甚至为了霜叶，甘愿老在去往香山的路上。现代作家熊佛西的《北平西山的红叶》第一次将红叶单独写成一篇现代白话散文，文中如此写道："尤其是北平郊外西山的红叶，在重阳的时候正红透了心，真使人迷醉！从香山（静宜园）沿着石板小道，穿过松林登山，几乎满谷都是红透了的红叶！假使全是红叶还没有什么特色，而最特色的是红叶里陪衬着一株株的葱翠的松树！人家说花是世界上最美丽的东西，我却说红叶比花更热情，且比任何花更美丽！人家说它没有香味，而我正因为它没有香味才热恋它，才觉得它有无限的诗意！它的'红'不是汪红，不是桃红，不是深红，不是黑红，而是一种红透了心的热红！它没有丝毫的'杀气'，也从不引人发生香艳的肉感，而仅仅象征着诗人的心！象征人类一片赤诚的热情！一片红叶可以引起相思，一片红叶可以引起画意，一片红叶可以引起人类的

爱、同情。然而看红叶要像看江南的'映山红'一样，满山满谷的都是一遍红，那才够味儿！仅是一遍红还不够，还得有蔚蓝的青天陪衬着，金绿的阳光洒射着，葱翠的松林烘托着！这样才够艳丽，才够美，才够味儿！但是这样的景色只是北平的西山有！其实南京栖霞的红叶也很美，不过是另外一种味道，它是稀疏疏地点缀在石崖上、槁木上，红通通的中间略略地透出些微的浅绿与浅黄，虽没有古老龙虬的苍松烘托着，然而有浩浩荡荡的长江之水陪衬着，也另有一种韵味。然而较之与北平西山的红叶似仍有逊色"。此文虽然很煽情，但它对比南京、北京红叶的不同还是很仔细的。其后杨朔散文《香山红叶》将西山的范围缩小到香山，这篇文章曾入选中学语文课文，影响了几代人对香山秋景的想象。文章的本来目的是要写一个老向导，作者拼尽力气要用红叶来比喻老向导不平凡的一生，"早听说香山红叶是北京最浓最浓的秋色，能去看看，自然乐意。我去的那日，天也作美，明净高爽，好得不能再好了；人也凑巧，居然找到一位老向导。这位老向导就住在西山脚下，早年做过四十年的向导，胡子都白了，还是腰板挺直，硬朗得很……我们上了半山亭，朝东一望，真是一片好景。莽莽苍苍的河北大平原就摆在眼前，烟树深处，正藏着我们的北京城。也妙，本来也算有点气魄的昆明湖，看起来只像一盆清水。万寿山、佛香阁，不过是些点缀的盆景。我们都忘了看红叶。红叶就在高头山坡上，满眼都是，半黄半红的，倒还有意思。可惜叶子伤了水，红的又不透。要是红透了，太阳一照，那颜色该有多浓"。作者写景本领实在太好，以至于这篇课文的主题常常被忽略，说到香山，便会让人想到红叶。

（二）秋塔蹇驴

与香山相比，潭柘之胜更在于人文想象，在"先有潭柘寺，后有幽州城"的口耳相传中，潭柘之美也跟先民建造幽州的历史联系在一起。潭柘寺的礼祖塔、石佛和拜砖等史迹更是见证了宗教与世俗权力在幽州交融的过程。明代僧人道衍的《秋日游潭柘山礼祖塔》展示了充满宗教思考的潭柘秋景：

> 早悟人生如寄尔，不计流行与坎止。
> 只缘山水窟中人，此心未肯负山水。
> 策蹇看山朝出城，葛衣已怯秋风清。
> 白云横谷微有影，黄叶堕涧寒无声。
> 乍登峻岭宁知倦，古寺重经心恋恋。
> 潭龙蛰水逾千丈，空鸟去天才一线。
> 老禅寂灭何处寻，孤塔如鹤栖乔林。
> 岩峦嶂开豁耳目，岚雾翠滴濡衣襟。
> 燕山如此越物表，下视群峰一拳小。
> 何时乞地息余年，不学鸟窠居木杪。

道衍俗名姚广孝，是明成祖朱棣的重要谋士，他以僧人身份担任太子少师，被称为"黑衣宰相"。在明成祖登基后，负责迁都事宜，一手规划了北京的城市布局。可以说，明清时北京城市的发展与道衍有着密切关系。这首诗的前四句写出了较为矛盾的心情，一方面对自己的僧人身份比较满意，而同时又无法忘情于山水，结合他为帝王家出谋划策，

此处所说的山水便有更广阔的含义。第五至第八句才正式写到游潭柘的行程，"策蹇"是指骑驴，"蹇驴"是诗人们喜欢使用的一个代称，苏轼的名诗中有"路长人困蹇驴嘶"。而骑驴游潭柘的风尚一直绵延到现代，朱自清的《潭柘寺戒坛寺》里就有这样的记述，"幸而山上下来一条驴，如获至宝似的雇下，骑上去。这一天东风特别大。平常骑驴就不稳，风一大真是祸不单行。山上东西都有路，很窄，下面是斜坡；本来从西边走，驴夫看风势太猛，将驴拉上东路。就这么着，有一回还几乎让风将驴吹倒；若走西边，没有准儿会驴我同归哪。想起从前人画风雪骑驴图，极是雅事；大概那不是上潭柘寺去的。驴背上照例该有些诗意，但是我，下有驴子，上有帽子眼镜，都要照管；又有迎风下泪的毛病，常要掏手巾擦干。当其时真恨不得生出第三只手来才好"。朱自清的散文非常写实，拿古代诗歌"意境"开开玩笑，增加了文章的趣味。回看道衍去潭柘的过程，身上的葛衣、天上的白云和树上的黄叶组成了一幅潭柘秋天的图景。第九至十六句写古寺的壮观和礼祖塔的神奇传说，潭柘从前有龙，后来听华严师讲法而皈依。最后四句写站在潭柘山顶俯瞰群峰，并表达了自己的胸怀，绝不像小鸟只在树梢筑巢，而是要为自己的余年寻找视野开阔的栖息地。

（三）秋园佳节

秋天的佳节不少，七夕、中秋和重阳各有况味。除了登山览胜，品味西山一带的园林也是一种选择。明末的精雅与奢华在私家园林中体现得淋漓尽致，书画家米万钟建造的勺园就是一个典型例子。米万钟在建造勺园

前，此处本是一片荒地，取"海淀一勺"之意，米氏还亲手绘制了《勺园修禊图》，极尽华丽。叶向高在《过米仲诏勺园》一诗中有"高楼明月夜，莞尔对西山"的名句，说的就是在勺园里能够很好地观看西山。叶向高字进卿，号台山，他曾担任万历首辅，善于决断，在位期间曾打击倭寇进犯。与米万钟有过往的都不是等闲之辈，除了家产万贯，米氏也是当时第一流的书画家，经常召集当时在京的名士雅集。七夕时节暑热未消，在园林中自然要享受卷石兴云，清流激觞之乐，袁中道的《七夕集米仲诏勺园》诗中用"到门惟见水，入室尽疑舟"写出勺园"以景乱真"的造园技巧，而这个时节还不会感到一点寒冷，"藕花犹自好，露下不知秋"。与七夕相比，重阳在勺园里所感受到的西山更为别致，陈良楚的《九日勺园》这样写道：

节序惊心客思遐，授衣重此对黄花。
大都海国皆皇甸，一勺园居自米家。
御苑晴看疏柳映，香山寒带暮云斜。
天高向夕空台迥，掇掇茱萸暮正霞。

　　陈良楚是明末画家，他能被米万钟邀请主要是在书画艺术上的相互欣赏。其诗从自己的客居身份着笔写，写当时的季节已经非常寒冷了。三、四两句交代了京师、海淀和勺园之间的关系。五、六句完全写勺园的外景，写的是晚秋柳色楚楚动人，香山一带傍晚的云斜斜射入勺园当中。结尾两句又用插茱萸的典故来说明此次聚会高朋满座，天朗气清。在勺园这里，秋天的一些节令与西山进行了复杂的结合，一方面没有放弃对香山胜景的眺望，另一方面又巧妙地借助私家园林的便利将自然风景和人工风景巧妙结合在一起，丰富了西山秋景的内涵。

四

西山一抹白于银

北方的冬天，很冷。但正如郁达夫《北平的四季》里所说，"北平自入旧历的十月以后，就是灰沙满地，寒风刺骨的节季了，所以北平的冬天，是一般人所最怕过的日子。但是要想认识一个地方的特异之处，我以为顶好是当这特异处表现得最圆满的时候去领略；故而夏天去热带，寒天去北极，是我一向所持的哲理。北平的冬天，冷虽则比南方要冷得多，但是北方生活的伟大幽闲，也只有在冬季，使人感受得最彻底"。

（一）西山积雪

西山积雪出自金章宗的"西山御屏江山固，积雪润泽社稷兴"，也是著名的燕京八景之一，元时改成了"西山晴雪"，明时又改称"西山霁雪"。清乾隆时又恢复使用了元时旧称。景碑现仍立于香山公园内半山亭北、朝阳洞山道右侧。最早写燕京八景的是元代诗人鲜于必仁，他的《西山晴雪》写出了雪景的壮丽，"玉嵯峨高耸神京，峭壁排银，叠石飞琼。地展雄藩，天开图画，户列围屏。分曙色流云有影，冻晴光老树无声。醉眼空惊，樵子归来，蓑笠青青"。明代西山已成为京畿知名的赏雪胜地，许多文人墨客冬日里都到此来赏雪吟诗。明代文人喜欢掉文，觉得"西山晴雪"明快有余，典雅不足，故改称为"西山霁雪"，曾有十几位文人以《西山霁雪》为题，写下赞美西山雪景的诗文。明永乐元年（1403年）的

翰林院侍讲邹缉诗曰："西山遥望起岧峣，坐看千峰积雪消。素采分林明晓日，寒光出壑映晴霄。"内阁首辅胡广诗云："银屏素壁何岧峣，西山新霁雪未消。千林皓影散琼树，万壑晴光凌碧霄。"文渊阁大学士李东阳诗最有名曰："雪后西山爽气增，冻云消尽山崚嶒。眼看万壑遍一白，谁遣六月生层冰。"西山从此除了秋爽之外，便新增了冬爽。自此之后，冬天到西山赏雪，《西山积雪》成了一个固定的题目。清乾隆时，虽然改成了元代的名称，但此后写此题目多半还是以《西山积雪》为题。例如道光年间军机大臣穆彰阿是鸦片战争时期主和派的代表人物，在近代史上不光彩，但他的《西山积雪》写得非常切题，"余雪初晴冻未融，峰峦凹凸白玲珑。不须散作人间絮，飞来飞去似断蓬"。

（二）冬天的故事

西山的冬天除了诗歌里的意境，也容易引发小说家们的联想和发挥。一些红学家认为《红楼梦》中写栊翠庵的一些片段受到了西山冬景的启发，当然这只是合理的推测。民国小说家张恨水的代表作《啼笑因缘》虽是情感小说，其中记载了民国时北京的很多市井生活，是一部有故事的生活志。这里面具体写到了西山的冬天，在最后一回樊家树被关秀姑救下之后，要将他送到何丽娜家，此时城中正下着大雪，他的恋人沈凤喜已经精神失常了，"白雪中那两扇小红门，格外触目，只是墙里两棵槐树，只剩杈杈丫丫的白干，不似以前绿叶阴森了。那门半掩着，家树只一推，就像身子触了电一样，浑身麻木起来。首先看到的，便是满地深雪；一个穿黑布裤红短袄子的女郎，站在雪地里，靠了槐树站住；两只脚已深埋在雪里。她是背着门立住的，看她那蓬蓬的短发上，洒了许多的雪花，脚下有一只大碗，反盖在雪上，碗边有许多雪块，又圆又扁，高高的叠着，倒像银币。那正是用碗底印的了，北京有些小孩子们，在雪天喜欢这样印假洋钱玩的"，到了西山何丽娜家，"到了第五天的日子，坐了一辆汽车，绕着大道直向西山而来。到了碧云寺附近，向乡民一打听，果然有个环翠园，而且园门口有直达的马路"，张恨水再次用雪景来做大团圆的结局，"毕竟人间色相空，伯劳燕子各西东。可怜无限难言隐，只在拈花一笑中。然而何丽娜哪里会知道这一笑命意的曲折，就一伸手，将紫色的窗幔，掩了玻璃窗，免得家树再向外看。那屋里的灯光，将一双人影，便照着印在紫幔上。窗外天上那一轮寒月，冷清清的，孤单单的，在这样冰天雪地中，照到这样春气荡漾的屋子，有这风光旖旎的双影，也未免含着羡慕的微笑哩"。无穷的人生感叹将西山的冬天写得感伤而动人。

诗文印象

第一章　夜宿晓起

许久没有看见星儿这么大，

也没有觉得他们离我这么近。

秋风吹过山坡上七八棵白杨，

在满天星光里做出雨声一阵。

——胡适《十月九夜在西山》

山容变无端，曦阳吐殊状。

渺末辞宿林，秀气开全嶂。

岩位渐以高，振发犹未量。

望随松影深，盎盎春露漾。

万象迎晖来，概意适所望。

——陆启浤《来青轩早眺》

　　对于游者来说，感受西山除了春秋四季的变换，一天之内的不同时间也会影响观看的印象。薄暮与拂晓、明与暗、万籁俱寂与众声喧闹不仅关乎游山的策略，更会贴近心境和意境的追求。"住在山上"在交通不便的明清时代是品味西山的必要前提，而放到现代可能是治疗疾病、摆脱喧嚣的一种方式。与之相应，晨起观景是夜宿西山自然而然的连续，日出的壮丽、青翠的山峦和隐约可闻的涓涓水声都是黎明给予的最好馈赠。

一

澄怀卧亦游

西山的夜晚是冷清的，不光缺少了华灯初上的热闹，温度上也会更冷。西山的夜晚也是孤寂的，与都市的距离客观上减少了人与人之间的交流和应酬，空出来的时间除了感悟自然、感悟生命，自然也能涤荡胸怀。

（一）静心

追求内心的平静是很多人的愿望，现代人利用休闲时间放松自我，古代人排遣俗世的干扰常常选择幽静的所在。西山寺观除了宗教上的作用，也时常能提供短期的居宿。恽向的《住香山寺》三首很好地展示了夜宿澄怀的心理：

深林寄幽僻，夜气独清无？

破壁龙蛇语，空山鸟雀呼。

井花香自汲，林月梦同孤。

万象森如许，名心枯未枯。

一带空青气，当轩晏坐时。

妙香徐入酒，远览独成诗。

翠湿春檐竹，花堆青井泥。

深深愁见客，久静失威仪。

风动夜逾静，山明月上来。

婆娑松影落，寂历道心开。

梵切浮生事，钟催梦往回。

岚光助人性，半卷坐莓苔。

恽向，明代画家。原名本初，字道生、曙臣，号香山，江苏武进人。崇祯末举贤良方正，授内阁中书舍人。擅诗文，工山水，早年学董源、巨然，以悬肘中锋作画，骨力圆劲，浓墨润湿，纵横淋漓，自成一派，晚年敛笔于倪瓒、黄公望，惜墨如金，挥洒自如。

第一首内容看似庞杂，但落脚点在"名"上。遁入幽静的山林，感受到清新夜晚的气息。用"独清无"这样的疑问或假设展示了略带沧桑感的"清新"，而并不是对世事毫无洞察突入山林的"清新"。第三句的破壁似应理解为山寺残破的墙壁上曾经刻绘过的各种动物，在夜晚来临时仿佛有话要说。本是略显可怖的情境因有"空山鸟雀呼"的对句而得到缓解，

室内的残败与室外的空灵构成了夜晚的两极。在声音之后，是香味，井边的花香像水一样被汲取。在井、花和水三个独立的事物中，汲水的动作巧妙地将幽幽花香的绽放比拟出来，事物之间的联系将诗要表达的意思不费太多的力气说出来。林、月和梦也同样是三个独立的事物，但它们在花香的映照下一样的孤独。在气味、声音和香味之后，结句用万象的多样性来同"名心"作为执念的单一性做一对比。在领略到如此多层次的山林夜景之时，略显世俗的追名之心便会受到诘问，能不能放下便成了诗的落脚之处。

第二首中的景物更加"贴身"，在暂时摆脱"名心"的羁绊之后，更切近地感受到清灵的空气。暮色之中，当轩坐定后，小酌一杯，山林的清香扑面而来。这与前面从井边汲取的花香一样，以一种并列的构思方式将山、酒和香融为一体。在略显缥缈的香味描述完后，再次回到抬眼可见的"春檐竹"和"青井泥"，它们也因为露水的翠绿和花团锦簇而显得格外动人。末一句将自己当作一个冒昧的闯入者，打破了深山静谧统一的美。诗一开始以我为主开始观察，结尾以我为客展示被"打扰"的美一直存在山林的安静中。

第三首是对王维的一些诗歌名句的改写，从"蝉噪林逾静"到"风动夜逾静"，结构完全一样，都是在动态和静态之间进行相互观照。在炼字上，与"蝉噪"的自然即景相比，"风动"更显出人为改造的痕迹，它贴合禅宗的偈语，所谓"风动""帆动"的外在显现，不过是"心动"的幻象。"明月松间照"化为"山明月上来"和"婆娑松影落"两句，这是即景的表现，虽然不及"明月松间照"上升到更高的山水层面，但"寂历道心开"还是将"心动"写了出来。最后四句回到夜宿的场景，住在香山寺并不能完全忘记还有的尘世俗务，在钟声的催促中梦里往回于入山寺前生

活与现在的安静生活。山林中的雾气缥缈如同梦编织而成，足以助人打扫心境。

三首诗都是围绕"清心"而写，一开始是从大处着眼，宏观上展示香山寺的夜景，然后是在细节上回味暮色中曾经看到的风景，最后再借用一些惯用诗句的改编来回应前面所提到的"名心"。恽向作为明末著名山水画家，他的绘画在布景设色上非常考究，这一组小诗对香山寺的夜景展示得自然而雄浑。

（二）卧游感怀

山中看夜景自是佳事，以画《江山卧游图》而知名的明末清初画家程正揆对"卧游"有着别样的阐发。他的《碧云寺看月》用乐府体写出了西山月色，"燕市月，在碧云，光欲竭。上有龙湫之清泉，下流月光洗山骨。空山无声松未涛，山月为我开天窟。酒杯溶溶，啸歌发发。飒然林木凉风鸣，云烟在胸酒在发"。作者用画家观景的方式一开始就介绍了在碧云寺看月的优势，是占据了看月的制高点，月光的强烈可用"欲竭"来展现。再辅以卓锡泉的秀丽，空山明月似乎为观者开了一扇美丽的天窗。当此之际，如再有二三好友对饮，弹琴长啸，听听林木中的风声，感受云烟般的画意奔涌而出。"卧游"一词本是对画家为未能亲自观看山水的人提供一种艺术式的游览，不少画家对"卧游"的热衷更在于对风景细节的完美追求，程正揆自己曾打算作卧游图五百卷，虽然并没有完成，但流传于世的也有数百卷。与构图雄奇的画卷相比，程诗提供的更多是"卧亦游"的一面，夜宿山中，抬眼即是风景。

卧游也常能与各种感怀联系在一起。明代忠臣倪元璐的《宿碧云寺》展示了从天象到人事的思考，"大峰如杵细如芒，看即图书枕即床。耄石雏花巡佛案，瘦云肥雨裹禅房。翻经背写游山记，引衲头钞酿酒方。曾道逢僧闲半日，到来三日为他忙"。倪元璐字汝玉，号鸿宝。他是崇祯朝的重臣，也是打击魏忠贤余孽的重要人物，在李自成进京之后自缢而死。除了忠臣这个身份，他也是书法家，康有为在《广艺舟双辑》中评价他的书法是，"明人无不能行书者，倪鸿宝，新理异态尤多"，传世作品有《舞鹤赋卷》《金山诗轴》等，在用笔上直落直收，极富特点。碧云寺是由碧云庵扩建而成，魏忠贤曾在此营造生圹，后因获罪而未能葬于此地。倪元璐真正获得重用时，魏忠贤已经获罪被戮，他的《宿碧云寺》尽管不能过度解读为政治隐喻诗，但造境的奇丽还是能从天象和人事两方面来理解。前四句直写暮色下山峰的形状，但用"杵"和"芒"非常特别，充满了锐感。"杵"除了可以用来捣物外，也可以是像"降魔杵"一类的兵器，而"芒"常常与锋并提。后四句是写住在山上的活动，像"游山记"和"酿酒方"这类的说法也特别适合用来写宦途遭遇风险，暂避一时的心态。

在西山夜宿，一般以住寺观居多。如果论起各寺的居住体验，明代公安派文学家袁中道在《西山游后记》里的记述很值得重视，公安派文章追求"性灵"的特点在这一组小记中得以淋漓尽致的展现，虽然只是寥寥数语，但都能展示当时住在西山各寺观中的直接体验。按袁中道的说法：住极乐寺可以看西山，"寺临水，有垂杨，婀娜甚……堂左有三层楼，望西山，惜树封之"；住香山寺风景佳，但寺里和尚不愿意受人打扰，"此地较诸山爽垲，阳明可居。而游骑杂沓。圆顶方袍者，见人来，其貌甚恭；而其速客去之意，隐然眉睫间。且追随不舍，命之去复来，亦殊败人意

也"；住洪光寺凉快，但就是恶狗不善，"此消夏第一处也。但蓄犬甚狞，颇妨往来"；住碧云寺居室华丽，菜肴丰盛，就是僧人过于光鲜亮丽，"寺较隘于香山，而整丽过之。其中云梁雾洞，绿窗青琐；牛筋狗骨之木，鸡舌鸭脚之菜，往往有焉。嘉靖庚戌，北虏欲入此寺，竟不能。文而坚故也。寺僧多鲜衣怒马，作游闲公子之态。住此者虽快，亦可畏哉"，此处所说的掌故是明嘉靖二十九年（1550年）的"庚戌之变"，当时严嵩当政，蒙古俺答汗从古北口长驱直入，在潞河孤山安营扎寨，但在行进过程中，并没能够进入碧云寺；最好住的当推中峰庵，"前有楼，可以御风；左有亭，可以迟月，松花秀美。坐其下，音韵悄然……西山刹宇虽多，惟此地清寂可住，予遂移襆于此，作消夏计也"，袁中道自己写的诗《住中峰庵》中对夜宿之美有更具概括的展示，"宛宛中峰路，森森松柏林。当风眠谷口，背日坐山阴。仰视星辰大，俯看云物深。晚烟侵骨冷，未可薄衣衾"。

如果是衣食无忧的文人士大夫，夜宿西山不仅能够更全面地游览，也能因此留下不少关于暮色和夜景的好诗。但对于生活窘迫不得不居住于西山的人来说，夜宿可能就不是澄怀那么轻松了。清代文学家曹雪芹居住西山期间，他的好朋友敦诚曾有一首赠诗如此写道："满径蓬蒿老不华，举家食粥酒常赊。衡门僻巷愁今雨，废馆颓楼梦旧家。司业青钱留客醉，步兵白眼向人斜。何人肯与猪肝食，日望西山餐暮霞"。与居住在华美寺观的袁中道相比，曹雪芹自己的

家是风雨飘摇、破败不堪的，虽然有着傲世的才华，但基本的生活都成问题。尽管每天都能看看西山的晚霞，但那与饥肠辘辘的生活状况相比，风景越美便越显得残酷。或许这些风景不能让曹雪芹成为山水诗人，但幸运的是，《红楼梦》中栊翠庵的月色里也许正点缀着夜宿西山的灵感。

（三）现代文学中的西山之夜

除了游览或者生活所迫，"住在山上"在现代会成为一个治疗疾病的好去处。西山空气清新，对胸肺、呼吸系统方面的疾病治疗无疑会有一些帮助作用。1921年现代文学家周作人在肋膜炎病情平复后，搬到西山疗养，他在给孙伏园的信中这样写道："我已于本月初退院，搬到山里来了。香山不很高大，仿佛只是故乡城内的卧龙山模样，但在北京近郊，已经要算是很好的山了。碧云寺在山腹上，地位颇好，只是我还不曾到外边去看过，因为须等医生再来诊察一次之后，才能决定可以怎样行动，而且又是连日下雨，连院子里都不能行走，终日只是起卧屋内罢了"。周作人在山中看到的风景，倒并非只是山山水水，他看到了"山中苍蝇之多，真是'出人意表之外'。每到下午，在窗外群飞，嗡嗡作声，仿佛是蜜蜂的排徊。我虽然将风门上糊了冷布，紧紧关闭，但是每一出入，总有几个混进屋里来。各处桌上摊着苍蝇纸，另外又用了棕丝制的蝇拍追着打，还是不能绝灭"。周作人也看到了平凡人生活的艰辛，在《西山小品》这个看似美文的标题下，实际写的是"一个乡民的死"和"卖汽水的人"。"一个乡民的死"写一个在厨房帮工的乡民患肺病死亡的过程，文字叙述极其平淡，"半夜里忽然醒过来，听见什么地方有铙钹的声音，心里想道，现

在正是送鬼，那么施食也将完了罢，以后随即睡着了"。夜里的铙钹声贴着习俗写出在西山沉沉夜色里，一个平凡人走完匆忙的一生。"卖汽水的人"则写一个被雇主冤枉的青年无奈离开西山的故事。两篇小品一直都在写小人物面对命运的无奈挣扎，最后以不同的方式离开了西山。周作人并非写不出西山的自然风景，只不过在他的思考和观察中，生命始终是风景的主体。品味西山不只是品味西山美丽的自然风景，也要去品味西山较为世俗、较为平民化的一面。

周作人养病除了身体上的肋膜炎，在思想上也陷入空前的彷徨和迷惘，他给孙伏园的信中还写道："般若堂里早晚都有和尚做功课，但我觉得并不烦扰，而且于我似乎还有一种清醒的力量。清早和黄昏时候的清澈的磬声，仿佛催促我们无所信仰、无所归依的人，拣定一条道路精进向前。我近来的思想动摇与混乱，可谓已至其极了，托尔斯泰的无我爱与尼采的超人……耶佛孔老的教训与科学的例证，我都一样的喜欢尊重，却又不能调和统一起来，造成一条可以行的大路。我只将这各种思想，凌乱的堆在头里，真是乡间的杂货一料店了。或者世间本来没有思想上的'国道'，也未可知"。不少人喜欢用"现代隐士"来谈论周作人，在他生命的不同阶段，自我边缘化都是一个常态。住在西山这一段时光对于周作人来说，是反思过往、重新出发的一个过程。

与周作人将风景小品写成人生观察不同，胡适在策动一场场思想运动的同时，时不时会跑入山林，逃离喧嚣。本章开始所引诗《十月九夜在西山》写于1931年，这是胡适从上海重回北京的第一年，他对西山自然不陌生，这首诗一如他的文风，明白易懂，如果在古典诗词里找找影子的话，完全可以在辛弃疾的"七八个星天外"里找到对应。如果从胡适平素的交游看，他自然是一个热闹人，朋友遍天下，但在这首西山秋夜的诗里，又

显出一种特有的孤独。作为思想者的胡适，在20世纪20年代中后期的各种言论已经颇受争议，不复新文化运动时期的振臂一呼。在西山夜色里，不仅有周作人隐藏在心底的热闹，也有胡适作为思想者的孤独。

　　夜宿西山可能出于不同原因，也可能看到不同的风景。在夜气暮色中感受到山水幽暗之美，在卧看星辰中澄净心怀，也可能在排遣孤独、逃离喧嚣或治疗疾病中得到感悟和启示。夜宿的目的到最后不见得都能完美地实现，但夜宿也已经在诗文中变成了另一种风景。

二

秀气开全嶂

晨起观景，最要紧的是能够登高望远，故而开阔的视野和美丽的风景缺一不可。

（一）来青轩

在西山诸胜中，来青轩非常适宜眺望远景。明代文人徐渭在他的《来青轩》诗中写道："亭非邀翠人，山自送青来。远色虚难写，遐观纵未徊"，徐渭是大画家，自然知道远景在山水画中的重要性，来青轩极佳的位置使得青翠欲滴的画意扑面而来。人工建造的亭与自然形成的山在青翠中变得和谐，而画笔落下之处正是远近交融之处。来青轩位于香山寺北侧，明世宗对香山独有翠色大为赞赏，而明神宗在最佳观景处题轩名为"来青"，"来青轩其至高，望不一隅，但海气蒙蒙出焉。其山盘回，其泉折淙，其离阁参差，其气窈深，其草蒙修，其木离披多古，殿前二栝松十围，隐千牛焉。日出映之，山中蓊蓊，如青云起"，帝王的爱好自然也加剧了一众文人的热心追捧，于是在周应昕的《登来青轩》中，来青轩俨然便成了香山"首胜"：

寺首西山胜，丹楼还即看。

佛香炉化石，仙弈局存盘。

一簇来青翠，诸峰最虬蟠。

僧言每驻跸，于此拜千官。

诗人在一开头就来一个概括性的评价，将来青轩的地位定得很高。在其后的几句里，借香山掌故着力渲染其仙气。丹楼似是指东晋葛洪炼丹之所，这是道教活动遗留的痕迹。香炉石主要是山的形状，用"佛香"来连缀起佛教寺庙与香炉山的关系。仙人弈棋的石头即棋盘石，这是将神话故事附会到风景上。起首四句引出的不同掌故是要制造一个宛如仙境的来青轩，各种宗教和传说在此"龙虎交会"。后四句则又回到来青轩本身的风景上，写诗人当时能看到的青翠山景及山峰的曲折。末两句特意写出它与皇家的关系，"拜千官"自然是夸张的说法，但将名胜与皇权拉近本就是风景诗里习以为常的事。清初朱彝尊在《来青轩》诗中同样也写到皇家与胜景，"天书稠叠此山亭，往事犹传翠辇经。莫倚危栏频北望，十三陵树几曾青"，起首写历代皇帝喜欢在此题字，明朝皇帝也多次登临此地。后面笔锋一转，同样是"青"，十三陵的树和此一对比，今昔对比之情、王朝覆灭之感便都寄寓于淡然的青色中。来青轩变成了一个思考王朝兴亡的题材，在清初的不少诗人笔下都由此立意开篇。当风景变得有所寄托后，以"来青轩"为题的诗便会产生更多元的指向和更丰富的意境。

来青轩的美不只是在白天，夜眺也有韵味，徐汧的《来青轩夜眺》中就写出夜晚的来青轩同样别有一番风味，"客亦云来青里宿，山题翠向夜边明。钟声离树移时尽，村语随灯以次生"，游山之人仿佛是眠宿在翠色中，伴随着钟声，白天的时间渐渐消失，伴随着村语，晚上的时间渐渐到来。当然，最好看的还是早上远眺，这时候有山容的变化多端，还有日出的壮丽景观。本章引诗《来青轩早眺》的作者陆启浤生活于明末清初，

他在北京生活了二十余年，对都城的景观习俗极其熟悉。融合了他的见闻和观察的《北京岁华记》被认为是一部重要的北京民俗岁时记，在明亡之后，陆启浤披发入山，不知所踪。陆启浤对京师名胜的心得来自于游览时的各种联想和对比，在他写此诗的同时还写过一首《宿香山寺来青轩》。他感受到的夜景是"山势易成寂，夜气相与停。月光临众壑，山视皎若平"，更多是凝滞的一面。而在早眺中，在拂晓阳光的展开中，明亮是以"秀气开全嶂"的方式展开，夜被以屏风一样的方式徐徐展开，透出了"望随松影深，盎盎春露漾"的具体形象。夜如同一幅风俗画被画在层峦叠嶂之上，而清晨打开依旧是画，是一幅有纵深，春意荡漾的水彩画，阳光照亮了画布。

（二）晨爽

连绵的西山有不少高处都可以观日出，同样是看日出，来青轩看到的是阳光普照后的苍翠欲滴，碧云寺可能就会呈现出光与影之间的错综复杂、动静交融，钟惺的《碧云寺早起》如此写道：

> 人语翠微闻启门，离离残照湿初暾。
>
> 行径绝涧数花落，坐见半山孤鸟翻。
>
> 月去寒潭林影换，云依闲砌草头温。
>
> 与君莫厌频移榻，晨爽秋阴非一村。

钟惺，字伯敬，号退谷，湖北竟陵人。明万历进士，官至福建提学金事。钟惺是明末竟陵派的代表人物，由于诗风幽峭，人称"诗妖"。"诗

妖"自然是有一定负面的含义，但也正说明其在诗歌意境开拓上有其特别之处。首句立意在于山气渐开之时，翠色渐微。他化用了李白《赠秋浦柳少府》诗中的"摇笔望白云，开帘当翠微"，将"开帘"变成"启门"，稍嫌太实，但与"人语"搭配会比较贴切。第二句写初升的太阳逐渐出来，带着清晨的湿度。三、四两句是诗人刻意不落俗套，使用"绝""孤"等词汇写出一个早起的人在观花看鸟的情态。五、六两句回应刚过去的夜晚，月亮离开寒潭之后林间树影的变换，云彩映射后墙头的草变温暖了。将月与云经过的地方依次回味一遍，到最后落笔时再次点出早起的"晨爽"。

　　清晨的爽意除了感受朝晖，听一听涓涓水声也是一些文人的爱好。清代著名诗人王士禛的《晓起至五华寺寻水尽头作》写出西山晨游的闲趣：

退翁亭子苍崖前，五华古寺当其巅。

残僧夜雪煨芋火，童子开门寻涧泉。

石壁空青散云锦，金沙照耀浮清涟。

他时把酒萝阴下，风堕岩花乌帽偏。

水尽头又称水源头，它的大致位置就是现今所说的樱桃沟，《天府广记》云："水源头两山相夹，小径如线，乱水淙淙，深入数里。有石洞三，旁凿龙头，水从龙口喷出。又前数十武，土台突兀，石兽甚巨，蹲踞台下，相传为金章宗清水院"，诗从其位置写起，在退谷与五华寺之间。五华寺在明代就已经是废寺，明代僧人修懿的《广泉废寺》中就用"破寺住余晖，萧萧鸟乱飞"来说其凄凉破败。借着以前诗人对废寺的书写，王士禛用"残僧"和"童子"的对应活画出一幅山中幽意图，火与水的对应极尽巧妙。第五句写石头与水之间的交错就像织锦一般形成各种图案，第六句则写在晨光的耀动下，水里的细沙与飘散的碎叶连续不断，如一体般向前流淌。最后两句当然是对未来的期许，希望能有一天心无挂碍地坐在水边，听凭岩花落满自己的衣襟。王士禛论诗主张"神韵"，他的不少诗作都是追摹王维，此诗也疏落有致地描绘出一幅充满神韵的晨起观泉图。

在清晨的山景图里，自然也少不了寺观刹宇和亭台楼榭的存在，袁宗道的《游西山》系列第三篇里展示出西山清晨的另一面，"宿碧云之次日，栉罢即绕山麓南行。垣内尖塔如笔，无虑数十。塔色正白，与山隈青霭相间，旭光薄之，晶明可爱。南望朱碧参差，隐起山腰，如堆粉障。导者曰：'此香山寺也。'寺南一山，松萝竹柏，交罗密荫，独异他山。行度桥下，鱼朱黑二种，若游空中。观已，拾级而上，级十倍碧云。佛殿甚闳壮，大抵西山兰若，碧云、香山相昆季。碧云鲜，香山古；碧云精丽，

香山魁恢。余笑语同游："若得碧云为卧室，香山为酒楼，岂羡化乐天宫哉！'殿槛外两山环拥，远望一亭踞山半……亭曰流憩，下视寺垣，如堕深壑。余仰视山巅，尚插云霄"。夜晚在山寺是由内而外地观看，有时也包括与寺内高僧之间的谈禅论道，到了早上，便是由外及内地观看，寺观亭榭成了整个山色的配景。文人们在山水诗和游记中特别喜欢将山水画的构图意识放置其间，袁宗道的西山系列游记共五篇，从昌平沙河一直写到了戒坛山。大致是遵循着移步换景的写法，但在叙述上侧重各有不同，其他各处并没有写游玩的具体时间。碧云寺和香山寺是西山著名寺观，作者有意将其对应起来写，尤其是强调了游观时间。夜宿于碧云寺，晓起观香山寺有着特别的讲究。碧云寺的居室华丽，菜肴丰盛，适合晚间畅饮剧谈，"夜与俞汝成诸公饮法堂右轩，剧谈至丙夜。汝成与余分榻而卧，讯余近日所得"，诸多好友能够在禅房之中交流思想、谈论心得。而香山寺

的气势恢宏，适合晨起观看，不仅能领略寺观的壮丽，还能有机会在来青轩看到各种景象的组合，"饮来青轩。轩前两腋，皆叠嶂环列，对面宽平如砥，芙蓉十里，粳稻千顷，皆在目中"。在这些景象中，尤其值得注意的是"粳稻千顷"，这不仅展示了袁宗道对"民生"的关注，在游山玩水时还不忘关切农事稼穑；也说明了西山的水质好，适合灌溉，能为周边平民提供良好的耕种条件。

　　西山的夜晚与清晨既是周而复始的自然连续，也是各具特点的风景载体。自打有西山纪游诗文起，西山夜色与晨光的美便被赋予了有联系也有区别的不同含义。夜宿是安静下来，休憩和思考，上山变成一种自我内心静修的开始；晓起则是发现生机，在观看山色中开始新的一天。

诗文印象

第三章 雨雪风云

菊渐似离柳渐黄，瓮头橘柚澹生香。

卧听枕畔声为雨，起见山巅雪若霜。

一似天公分冷暖，尽教人事办炎凉。

遥知寂寂荒村里，不分袁安八尺床。

——阿弥尔达《夜雨小雨晨兴望西山已积雪》

何年鬼斧开天壁，嶒崚危动风雨夕。

巨鳌无力斗五丁，大地凿空漏一隙。

上有千佛飞锡来侨居，又有万松夜沸蛟宫脊。

白云芳草足趾生，杂沓群峰低百尺。

我来欲叱山神起，口吸青霞，齿漱白石，洪光是枕，来青是席。

手扪星辰倒银汉，一啸空谷金石掷。

鼻端軿軿含太清，客心千古同云碧。

二子笑指东方白。

——程正揆《同倪何二子登洪光寺，卧松风下》

雨、雪、风和云都是自然物象，历代歌咏者甚多。西山的雨、雪、风、云从景观上看很美，与城市的结合会更显特别，尤其是对于一些客居京师的人来说，他们敏感的内心会因为天象的变化而更加丰富。此外，雨雪的充足与否关系到民生根本，风云的变幻又常被联想到政局乃至时事的变化。

一

坐爱空山过雨时

写雨的诗文大致分为两种写法，一种是喜雨，杜甫的《春夜喜雨》脍炙人口，"润物细无声"更成了喜雨的代名词；另一种是苦雨，阴雨绵绵的季节不但影响人的心情，也考验城市的排水系统。现代作家周作人或许将"苦雨"变成了他作品中的一个标签，长年居住在北京的他对城市的雨有着特别的感触。而山中雨景则景况各异，有积雨初霁的欣喜，也有寒雨连绵的细腻感受。

（一）苦雨与喜雨

北京的雨水不算太多，在时段分布上也不均衡，冬春两季节几乎不下雨，而夏秋时节往往让人苦雨。正如现代文人周作人所写的那样，"北京一年间的雨量本来颇少，可是下得很有点特别，他把全年份的三分之二强在六七八月中间落了，而七月的雨又几乎要占这三个月份总数的一半。照这个情形说来，夏秋的苦雨是很难免的。在民国十三年和二十六年，院子里的雨水上了阶沿，进到西书房里去，证实了我的苦雨斋的名称，这都是在七月中下旬，那种雨势与雨声想起来也还是很讨嫌，因此对于北京的雨我没有什么好感，像今年的雨量不多，虽是小事，但在我看来自然是很可感谢的了"，由于城市的特征，南北方的雨给人的感受又不一样，"不过讲到雨，也不是可以一口抹杀，以为一定是可嫌恶的。这须得分别言

之，与其说时令，还不如说要看地方而定。在有些地方，雨并不可嫌恶，即使不必说是可喜。囫囵的说一句南方，恐怕不能得要领，我想不如具体地说明，在到处有河流，铺街是石板路的地方，雨是不觉得讨厌的，那里即使会涨大水，成水灾，也总不至于使人有苦雨之感。我的故乡在浙东的绍兴，便是这样的一个好例。在城里，每条路差不多有一条小河平行着，其结果是街道上桥很多，交通利用大小船只，民间饮食洗濯依赖河水，大家才有自用井，蓄雨水为饮料。河岸大抵高四五尺，下雨虽多尽可容纳，只有上游水发，而闸门淤塞，下流不通，成为水灾，但也是田野乡村多受其害，城里河水是不至于上岸的"。都市苦雨，但于观山非但不妨，甚至还大有帮助。曾经深深影响过周作人的明末作家却是喜欢西山雨景的，袁宗道《西山十记·记八》中记述了他登万安山的经历，"予欲穷万安绝顶之胜，而僧云徐之，俟微雨洒尘，乘其爽气，可以登涉，且宜眺瞩也"，一开始的时候并没有下雨，他听从老和尚的劝告，等到"一宿而微雨至，予大喜曰：'是可游矣！'遂溯涧而上，徘徊怪石之间，数步一息"。果然，雨后的山景效果不同凡响，"于时宿雾既收，初日照林。松柏膏沐之余，杨柳浣濯之后，深翠殷绿，媚红娟美。至于原隰隐畛，草色麦秀，莫不淹润柔滑，细腻莹洁，似薿簟初展，文锦乍铺矣。既至层巅，意为可望云中、上谷间，而香山、金山诸峰，遮樾云汉，惟东南一鉴，了了可数。平畴尽处，见南天大道一缕，卷雾喷沙，浩白无涯。或曰：此走邯郸道也。扪萝分棘，遂过山阴，憩于香山松棚庵中"。除了视野开阔，山间的松树和水声也让人念念不忘，"松身仅五尺许，而枝干虬结，蔽于垣内。下有流泉清激，声与松风相和。松花堕地，飘粉流香。时晚烟夕雾，萦薄湖山，急寻旧路以归"。袁宗道游览西山一共写了十篇游记，此篇关于万安山的高爽，他用"雨"写出了万安风景的灵动。周作人在《中国新文学的

源流》中曾大大表彰过明末公安派"性灵"文学，不过，在写雨时他与自己仰慕的明末小品家分道扬镳了，毕竟都市与山林对于雨的期待不一样。

（二）积雨初霁

山的苍青翠滴在于雨雪的洗礼，积雨初霁之时远望西山，自然别有一番风景。茹纶常的《积雨初霁望西山》就是这样一首"清凉"的作品：

三度京华住，西山阻幽探。

山灵故应笑，念之心怀惭。

维时当溽暑，积雨阳乌潜。

街泥深没屐，闭户如眠蚕。

朝来忽开霁，暖翠浮层岚。

树色浓与接，天光澹相参。

嫦娥具娟好，窈窕劳遐瞻。

中闻饶胜概，玉泉兼龙潭。

汇为裂帛湖，风景尤堪耽。

营构侈慈氏，比栉皆精蓝。

惜哉碧云寺，衣冠瘗巍阉。

迄今虽铲削，吾意犹未恢。

茫茫景皇陵，往事嗟忠谏。

抑有耶律贤，石壁留镌剗。

缅怀金元来，游人几停骖。

世代递迁更，山水犹回含。

何当真杖策，十日穷云岩。

茹纶常，字文静，号容斋，山西介休人。茹氏的科举考试并不顺利，曾先后三次入京参加考试，这首诗就写在其三度折戟之际，略带惭愧和灰心。西山就像考试一样显得有些不容易通过，当然在起句之后便开始自我解嘲。诗中写出了一个赴京参加考试，但内心充满诗意和山水的读书人在怀疑命运不济时，发现山水才是心灵真正的归依。积雨初霁之时，遥远的西山如同心中的一片彩虹，突然绽放。

（三）寒雨

"寒雨连江夜入吴"写的是江边，但下句却会对应孤山。如果将寒雨放在西山，那山景又将如何，永瑆的《寒雨吟》似乎是专门为此而做的回答：

行云晻蔼西山岑，苍然暝色成轻阴。

初看小苑收残照，渐觉凉风动远林。

凉风飒飒吹旋急，细雨丝丝芳树湿。

鸭炉小饼自添熏，鸳瓦层檐未闻滴。

辘轳金井阑边转，隔花宫漏宵寒浅。

暗疑溥露湛金英，静喜霏香润苍藓。

金英还杂沓，苍藓正参差。

芳怀漠漠秋怀并，寒浅寒深祇自知。

空阶络纬啼声小，半落红莲向宫沼。

高楼雁响此时沉，寒雨机声何处好。

霏微寒雨暮秋天，罗幔秋镫黯澹边。

秋衣准拟明朝换，明日帘栊冷翠烟。

　　爱新觉罗·永瑆，号少厂，一号镜泉，别号诒晋斋主人。他是乾隆的第十一子，封成亲王，在诗歌和书法上成就极高，按清末大臣麟魁的评价是，"宗潢人文，自红兰贝子首倡风雅，问亭将军、紫幢居士、晓亭侍郎、月山上公后先继起……近年以来则首推成哲亲王焉……天才既超，学力复粹，诗、古文辞动合典则。临池不倦，书法尤高"。成亲王看雨后的西山，看到的是最细微的变化。与山色搭配的一些精致的宫廷物事都被一一呈现，举凡衣食住行都渐次写到。起首是写山，但笔下似乎都是在写宫室。雨后山景写粗糙容易，写精细困难，如果没有敏锐的视角是很难用如此取巧的角度来写。在一些史料记载中，这位成亲王俭啬过人，或许也是这份计较成全了诗歌中立意与用词的锱铢必较。

二

飞泉散雪四时寒

　　雪景人人爱看，不过冬雪与春雪的心境又有不同。冬雪看的是季节当令，春雪看的是雪霁后的春光。雪景的背后也有民生，"瑞雪兆丰年"在少水的北方并不只是纸面上的诗文。

（一）雪游

冬日看山，最期待的便是雪游。尤其西山在众口相传中是"冬则积雪凝素，种种奇致，皆足赏心，而雪景尤胜"的景象。明万历十八年（1590年）十月初，北京连日大雪，内阁首辅王锡爵的公子王衡邀请他的朋友周季良、尤伯固、王元敬和张伯新一起游西山，他们刚一出门，就被大片的雪花吓到，"遣童子归将襆被来"。他们的第一站是真觉寺，真觉寺又称五塔寺，位于白石桥东侧的高梁河（长河）北岸，以其金刚宝座塔闻名。寺始建于明永乐年间，于成化九年（1473年）建成，是明成祖专为从西域来京的梵僧班迪达修建的。王衡等人在真觉寺午饭，"据浮屠骋望，间露石骨者，随捧雪缀之"。离开真觉寺后，沿着河堤前行，"则黄日已逗云影中，远近诸山黛白错。晡（按：午后三至五时），日色独烂如丹霞，惊睨者良久"。他们到香山时已经很晚，"比到香山，且已昏夜矣。千峰一雪，冻云颓倚山头，如醉玉人，乃将诸子涉环翠亭，雪径深二尺许"。当夜王衡等人住在碧云寺，次

日从来时的路返回，"则昨日之丝者、茧环者化为玦矣。因相与错叙其胜。今雪毵毵款舞，且倦且骄。旧雪晶明浩溔，积矣而若不有。试从卑望高，如钵和国人仰面不见山；若登高临远，则又身在净界，视三千大千沙砾皆净土也。其封谷完，其揣树密，其印沙如鸟篆，其附城郭若鱼丽，其幕红寺，衬落叶。俄浅绛，俄又淡黄，种种作态可喜。至于寒雁横空，素凫旅坐，暗泉界响，老松低枝，枯芦有声，村火斜出，于是间更有深致"。在这一连串的景物排比后，王衡感慨"吾曹戴高檐帽，披貂蟾褕，奔车鞭蹇，争相指盼，以为山林入吾画图，而亦知吾曹乃山林画图中人耶"。在这样的心情下，王衡写下了这篇《香山雪游记》。

（二）春雪

看雪也需好心情，尤其是在春天有所期待时。易顺鼎的《正月六日偕晦若叔进游西山作》写于清光绪二十六年（1900年），此时的他正在北京等待升迁，荣禄也已经在西太后面前为其美言过，一切似乎都很顺利，诗自然写得也是踌躇满志：

> 浩荡郊原雪尽消，吹台高李此招邀。
> 春来作客如新嫁，晓起看山当早朝。
> 已有晴光生马耳，可无诗卷束牛腰。
> 翠微故是平生旧，青眼相看慰寂寥。

易顺鼎，字实甫，号忏绮斋，晚号哭庵、一广居士等，龙阳（今湖南汉

寿）人。他是近代最有影响力的诗人之一，与樊增祥并称樊易，又与袁克
文、何震彝、闵尔昌、步章五、梁鸿志、黄秋岳并称为"寒庐七子"。他的
一生可谓高开低走，童年时即有神童之名，七岁时曾入太平天国军中半年，
被僧格林沁救出后因语言不通（僧格林沁听不懂湖南话），他便用手指蘸水
写父亲的名字，被视为奇儿。十八岁便考中举人，但从此之后，好运似乎就
用完了。进士考试六次落第，三十岁捐了一个小官，眼看人生便要如此颓唐
下去。甲午战争爆发后，易顺鼎怀着建功扬名的抱负投笔从戎，奔赴台湾参
加战斗，大有志士之概。在戊戌变法中，易顺鼎并没有参与改良派的活动，
除了他受知于张之洞、荣禄等人，更多是与维新派人士政见不同。写此诗的
这一年，似乎命运开始有了转机，但就在这首诗写完后半年，庚子事变发生
了，慈禧逃往西安，易顺鼎从南京出发，奔波千余里赶到西安，希望在这危
难时刻表现自己的忠心。他的诗友樊增祥正是在这期间受到慈禧青睐而高
升的，但易顺鼎却一无所获。光绪二十八年（1902年）他终于实授广西右江
道，但三年后便被弹劾。他实任清朝的官不足三年，民国以后纵情声色，终
日周旋于戏馆与妓馆之间。这首游西山的诗写在他心中尚有憧憬之时，巧妙
结合了春雪的景象，呈现对未来的期待。

（三）雪与民生

雪在靠天吃饭的农耕时代，除可供文人雅士赏景，更重要的是可为土
地提供水分和养分。清嘉庆、道光年间的文人多讲究经世之学，他们看雪
的眼光自然少不了农事。张际亮，字亨甫，号华胥大夫、松寥山人，福建
建宁县溪口镇渠村人。鸦片战争时期其与魏源、龚自珍、汤鹏并称为"道

光四子"。张际亮一生创作诗文数量极多，自称有上千卷，万余首，多以反映社会现实、揭露腐败清王朝的政敝民贫、表达自己除弊济民的愿望为题。道光十一年（1831年）其赴京应试落第后，住在翠微山读书，常与龚自珍、魏源等名士来往，商讨国计民生，评论当世利弊得失。在这期间，他还曾给林则徐上书，表达自己在水利方面的见解。他的《山中雪记》或许是有关西山雪的诗文中最别致的一篇：

　　岁辛卯十月甲申，余始来息于翠微山，是日始雪。自是十一月日甲寅、丙子，十二月庚寅、癸卯，明年壬辰正月癸亥、壬申，二月丁亥、辛卯皆雪，而庚寅雪深二尺。于是张子次而书之曰：自井田沟洫之废，农始告病。北地尤高亢水利又阙，不讲农，苦旱者十恒七八。故每以冬春雪卜夏麦，夏雨卜秋粱与菽。前年河北数州县地震，去年夏麦歉收，北方民困未复也。而夏秋之间，江淮以南至于黔、粤百数十州县皆水，于是南方及西南徼之民亦困矣。今其父老子女流离，有至京师者。然则今年夏麦丰歉，独北方民休戚哉？顷庚寅雪后，山下农夫交庆，谓今年麦当有秋也，有豫筹及婚嫁者。余间至山下，又知河以北其雪同也，则其庆且慰者，当无不同也……

　　或曰："子山人也，闭门风雪中，闻山风四起，万木有声，或月出在地，浩然积素，与天无极。于时放歌俯仰，与岩猿谷鸟相响答，乃自适其适也，他何问焉？"余笑谢之曰："自适者，信有然乎，抑吾四民之一也，吾家食于南，吾又食于北也。子将谓采木叶可为衣，饮泉石可疗饥乎。如不可也，安得而不问？"

此文立意全从民生出发，以士民关系辨析结尾，不仅提供了丰富的气候史料，也还原了翠微山一带积雪在当时对农家生活的重要作用。

历代写雪的人不胜枚举，要写出新意并不容易。西山积雪虽是八景之一，但要专门就雪的主题写得让人过目不忘，还需要结合上西山独特的地理特征、人文积淀以及救世关怀。

三

风静泉声闻远屿

《坛经》中记有一桩著名公案，即"时有风吹幡动。一僧曰风动，一僧曰幡动。议论不已。惠能进曰：'非风动，非幡动，仁者心动'"。其实许多诗文中的风也源自于诗人们的心动，感受到何种风是诗人们的心理活动与自然物象之间找对应的一个过程。

（一）静风

在安静的寺观里，习习清风非但不会产生困扰，有时还会使环境更加静谧。高攀龙的《摩诃庵》写的便是不染世俗的静风：

> 都城多所事，郊外意已谥。
> 西山岂不高，西堤岂不洁？

雨雪风云

去去数十程，毋乃转烦热。

修林无尘风，虚堂无氛月。

湛湛止水心，端居见超越。

百营良有极，庶以善自悦。

　　高攀龙，字存之，又字云从，江苏无锡人，世称"景逸先生"，是明代思想家，东林党人，"东林八君子"之一。他最为人熟知的便是于万历三十二年（1604年），在常州知府和无锡知县的支持下，与顾宪成等人发起、重建了东林书院，并每年举行东林大会。东林大会初由顾宪成主持，万历四十年（1612年）顾宪成去世后改由高攀龙主持，直至天启五年（1625年）书院被拆毁为止。高攀龙在讲学过程中以自己的政治理想和人格标准来评议朝政，裁量人物。当时许多与他们志趣相近的在野士大夫闻风响附，纷至沓来。在朝的赵南星、邹元标、杨涟等正直官员也与他们互通声气，遥相应和。东林书院实际上已成为社会舆论的中心。当时朝野内外的士大夫无论认不认识顾、高二人，都以被东林党称赞为荣，重现了东汉以来的月旦之风。高攀龙在儒家思想史上最有影响的是其静坐说，他借此说将理学与心学通过静坐的实践功夫融合在一起。如果了解了这些背景，再看他的这首关于摩诃庵的诗，便会懂得他写的就是在山水面前如何发现自己的平常心。

（二）松风

西山林密，松风阵阵也容易引人遐想。在八大处证果寺旁曾有昌化寺，这里除了五百罗汉壁画为人称道，就是周边的松林，明世宗曾专门为此题过"卧云松"的匾额。何景明的《夜归昌化寺》写出了林间松风的别样意趣：

> 日落归山刹，松风处处声。
> 幽深不易到，昏黑更多惊。
> 壑渐寻溪入，峰回藏岭行。
> 兹游藉朋好，奇绝冠平生。

何景明，字仲默，信阳人。他是明代文坛的重要人物，与李梦阳等人并称"前七子"，他们的文学主张是"诗必盛唐，文必秦汉"，但与李梦阳相比，他更强调创新。《明史》评价他"志操耿介，尚节义，鄙荣利，与梦阳并有国士风"。他在京主要担任过中书舍人和内阁讲经官，工作任务是起草诏令和为帝王大臣讲解儒家经典。暇时遍游西山。这首诗写出了昌化寺暮色中的情景。首句其实包含了白天已在卢师山周边游玩的信息，兴尽之时要到寺里住一晚，松风的凉意为安静的古刹提供了一种幽暗的意境。

（三）大风

西山地区的风也并非都是习习吹来的静风或飒然而至的松风，随着永定河的流动，没有群山环绕的地方，风势越来越大。斌良的《大风过卢沟桥》这样写到：

> 二月燕南道，长风似虎狂。
> 河流喷雪白，塞日夹沙黄。
> 闲置如新妇，栖迟笑漫郎。
> 殷勤谢关吏，留客到壶觞。

瓜尔佳·斌良，字吉甫，号梅舫、雪渔，晚号随荓。斌良由荫生历官刑部侍郎，为驻藏大臣。斌良是清朝贵族中善于写诗的人，现存诗歌八千多首。他仕宦四方，常年在旅途之中，天气变化自然常入他的诗中。这首诗写在春天，把卢沟桥的风况写得十分生动，一句"长风似虎狂"马上就能将风沙扑面的效果传达出来，这时候能有好心的关吏提供避风的场所，顺便小酌一杯，自然会涌起千恩万谢的心情。

（四）雾

在多雨多风的山林间，常会有雾。清楚的西山耐看，雾气蒙蒙的西山也有其独特的地方。王鸿绪的《雾中由戒坛度罗睺岭稍霁至潭柘》写出雾中西山之美：

既瞻戒坛松，言观潭柘树。

山僧劝我且莫行，白额秋来乱林坞。

我闻斯言大吁怪，欲行不行日亭午。

此生到处被物厄，不信山游复有虎。

携朋大笑出寺门，樵子前驱荷干橹。

联镳兀兀云雾中，羊肠鸟道愁花骢。

十步九折凌绝壁，仰面直欲摩苍穹。

但觉千山万岭同一气，举世高下归鸿蒙。

我仆马寒滞岩底，招呼不辨西与东。

兹山猛兽固安在，耳边作吼惟松风。

须臾度岭四天豁，西崦已堕铜轮红。

忽见九峰开锦帐，朱霞一抹青芙蓉。

红楼金殿耸天际，秋林杳霭闻清钟。

我策我马入幽谷，茈乌相引岩之麓。

绀宇辉煌绕玉阑，禅房窈窕摇修竹。

古柏千章无复存，妙严双趾今谁续。

日斜不及访龙泉，仰睹峰头乱红绿。

对景行厨泻酒醑，临风万里酣高台。

我且歌，君莫哀，元规朝市多尘埃，城外名山谁看来。

王鸿绪，初名度心，后改名鸿绪，字季友，号俨斋，别号横云山人。王鸿绪为清康熙十二年（1673年）进士，授为编修，官至工部尚书，曾入明史馆任《明史》总裁，与张玉书等共主编纂《明史》，为《佩文韵府》修纂者之一。王鸿绪一生精于鉴藏书画，书学米芾、董其

昌，具道古秀润之趣。作为康熙朝重臣，王鸿绪对西山景物非常熟悉。这首以雾为主题的诗以游潭柘为背景，大有匠心。本来潭柘的美是要在秋高气爽之时，方能观赏其清丽幽静。而王诗雾中看潭柘的独特视角，更能调动诗人的想象力，将路途的艰险、自然奇景同梵寺钟声一并写出。此诗设色布景方面以险取胜，写出了不一样的潭柘。

四

有客来分半榻云

云景虽不及雪景和雨景来得直观，但更耐人寻味。王维的"行到水穷处，坐看云起时"可能是古诗中最容易让人想起的诗句。实际上，写朝云、彩云、孤云和白云的古诗词多到不胜枚举，与山水的结合更容易让云产生各种生发，尤其是在云卷云舒、云起云归之际。

（一）云卷云舒

白日看云，能看到云的各种变化。尤其在山顶上看云，似乎能感受到人与云之间的对话和交流。董应举的《送杨德秀下香山》将云当作山的一部分：

十日不了香山寺，有客来分半榻云。

泉声高从松顶落，钟声多在月中闻。

未闻秋色愁衰老，早放黄花为送君。

此去都门何所见，孤鸿天畔入斜曛。

　　董应举，字崇相，号见龙，闽县人。明万历二十六年（1598年）举进士，曾任吏部主事、文选主事、大理寺丞等。董应举善古文，尤其酷爱山水名胜，晚年受魏忠贤迫害后旅居武夷八曲涵翠洞。其落职返乡后，与其子鸣伟一道，于青芝山芟除芜秽，开拓景观，募建寺庙，使青芝山"众奇始出"，渐成一方名胜。他对山水之妙自然别有会心，这首送别诗写的是他与朋友杨德秀在香山盘桓数日后，朋友即将离开的场景。他化用了高适《别董大》"千里黄云白日曛，北风吹雁雪纷纷。莫愁前路无知己，天下谁人不识君"的诗歌典故。不过香山的云景与山景本来就常常是结合在一起，《天府广记》载黄汝亨纪曰"过香山，蹑跷披磴，流泉茂树，一着履即有轩轩白云之气，半似吾山九里三竺间，于西山中当据上座"。

（二）云起云归

　　云起有豁然开朗之境，云归则有万鸟投林之美。吕大器的《玉泉山寺》写出了西山暮云之美：

游集境难僻，融融泉自清。

危岩牢置屋，仙洞俗呼名。

既雨平芜草，无风落叶声。

西山佳一望，烟树暮云迎。

吕大器，字俨若，号东川，四川遂宁县（今遂宁市）人，明崇祯元年（1628年）进士，历仕崇祯、南明弘光、隆武、永历四朝，永历朝官至兵部尚书。吕大器生在末世，是明末著名战将，虽然不能挽救明末危亡，但一生转战南北，纵横四海，对风土景物也多有措意。这首写玉泉山寺的诗作于他在北京任职吏部期间，是他一生中最为清闲的时光，诗中写出了暮云中西山烟树迷茫的朦胧美。

（三）云居寺

云居寺是一个极富诗意的名字，它位于房山区大石窝镇水头村，始建于隋末唐初，初名"智泉寺"，后改称"云居寺"。与智泉相比，云居一名极好地体现了石经山山麓边带着白云的特点，《帝京景物略》载："房山县西南四十里，有山好著白云，腰其半麓"，冯有经的《云居寺》写出了寺里外的景致：

青青岑嶂切天开，涧石萦回半隐苔。

松下覆茅精舍出，花间纤径远泉来。

经思劫后存无恙，塔想生前愿可哀。

洞去火龙香去树，云居日夕隐风雷。

这首诗写山峦如同削切而出，在山间泉石上能看到隐约的苔藓。寺内的塔和旁边的洞都经历了时间和战火的洗礼，遥望日暮时分的云，能感觉到风雷之意。中国诗歌和绘画里都特别喜欢使用云作为题材，佛教也常以云作譬喻，云居寺融合了这许多元素，将佛教文化与自然物象如诗如画地结合在一起。

（四）禅意的云

除云居寺、岫云寺、云会寺等借"云"为名的寺院，西山许多古刹也都在隐隐约约展现了云的哲思。恒仁的《送人游西山》便很好地体现了这种关系：

> 西山三百寺，位置随浅深。
>
> 出郊一以眺，但见白云岑。
>
> 白云何悠悠，下有松柏林。
>
> 寂寂高僧居，幽入时见临。
>
> 惟彼当途士，各有住山心。
>
> 至今岩穴间，常稀车马音。
>
> 君今属闲游，奚囊携素琴。
>
> 朝为山中行，暮为山中吟。
>
> 十月以为期，到处穷探寻。
>
> 嗟余弗获俱，相送情难任。

恒仁，字育万，一字月山，为清英亲王阿济格四世孙。沈德潜称其诗"吐属皆山水清音"，沈廷芳谓其诗"清微朴老，克具古人风格，足传于后无疑"。在清宗室子弟的西山写作中，恒仁更偏于在风景中融入思考。西山刹宇林立，这些古寺不仅传递着佛教在北京发展变迁中的历史，也隐含着一代代人对出世与入世的相关思考。无数观山之人都会在寺观处停留，尽管写诸寺的诗歌以风景居多，但也不乏思考深山古寺在天人关系中的调节作用的结晶。这首诗里反复言及的"白云"便如一个偈，它传达了入世与出世之间的临界点，入山越深，一切皆如浮云。

诗文印象

第四章 奇树怪石 幽泉玄洞

不知老树年何庚，西山一簇娑罗名。

大叶小叶青如剪，千螺万螺绕根生。

阶前数亩数百载，日影不向其中行。

耳中惟闻雨大作，出树乃见天空晴。

人间谁欲为知旧，汉柏是弟秦松兄。

谭子昂首为余说，嵝山曾见蔽日月。

——于弈正《娑罗树歌》

玄窟何人凿，攀萝折折寻。

三芝开宝地，五药遍珠林。

岩滴冰霜乳，云迁远近岑。

珠光时夜发，照见柏森森。

——公光国《宝珠洞》

一

穹山庆谷能奇树

山无树，便少了许多精神。西山地带性植被为温带夏绿阔叶林，植物种类繁多，百年以上的古松有一千多株，最高树龄已达五百余年。品味西山自然不能绕过山上的古树，这其中，写娑罗树、龙松和古柏的诗文最为脍炙人口。

（一）娑罗

　　林徽因的《平郊建筑杂录》里曾有一段写卧佛寺的妙语，"在北方——尤其是北平——上学的人，大半都到过卧佛寺。一到夏天，各地学生们，男的，女的，谁不愿意来消消夏，爬山，游水，骑驴，多么优哉游哉。据说每年夏令会总成全了许多爱人儿们的心愿，想不到睡觉的释迦牟尼，还能在梦中代行月下老人的职务，也真是佛法无边了"，说卧佛睡觉自然是俏皮话，这个庄严的场景其实是佛祖即将涅槃之际，尤其是配上周边的娑罗树，几乎是宗教故事的重现。

　　娑罗树别名娑罗双树、摩诃娑罗树、无忧树等，主要产于印度及马来半岛等热带雨林之中，属多年乔木。树身高大，多为七叶，果实呈球形。娑罗在梵文中是"高远"的意思，相传摩耶夫人在蓝毗尼园中，手扶娑罗树，产下释迦牟尼，后来佛祖在跋提河边的娑罗双树下涅槃。按宗教传说的场景回现，佛祖在希拉尼耶底河洗完澡后，上岸到娑罗双树林中，感受到了生命的极限，在两株娑罗树之间铺上了树叶和草，然后头向北，面向西，头枕右手，向右侧卧，在安详中涅槃升天，而周边的娑罗树见证了这一切。娑罗树也因此在佛寺中受到巨大尊重，被认为是一种神圣的树木。卧佛寺的卧佛便是重现佛祖涅槃的情

境，而周边的娑罗树也因此备受重视。

明代学者谭贞默的《娑罗树歌》从源流、形状等方面极好地展示了卧佛寺的娑罗树：

> 穹山庆谷能奇树，树性无过五土赋。此种流传印土国，七叶九华人莫识，梵名却唤娑罗勒。岂亦其材无可用，致教日月失晨昃。报国古寺两怪松，侏儒其质婆娑容。娑罗作宾松作主，吾将揖让成会同。佛为皇灵护西东，卧治娑罗坐理松。不尔神物飞作龙，安得老死游其中。

谭贞默，字梁生，又字福征，号埽，又号埽庵，别署髯道人，嘉兴人。谭贞默为明崇祯元年（1628年）进士，先后任工部虞衡司主事、大理寺寺副、太仆寺少卿、国子监司业兼祭酒。他除习读儒家经典，对佛教也有浓厚兴趣，在考中进士以前，曾拜名僧憨山大师为师。后来曾为其师编写了《憨山老人年谱自叙实录》，书中还附有《曹溪中兴憨山肉祖因缘》等相关的作品。他对佛教的深入认识也使他对佛教典故如数家珍，这首诗在讲述娑罗树的来历时，将其同报国寺的古松进行了对比，呈现了娑罗作为"神树"的独特性。

（二）龙松

龙松属于柏科，由于形状像龙而特别受人喜爱。戒坛龙松的美在于树形与山形的完美结合，朱自清的《潭柘寺戒坛寺》里这样说，"戒坛在

半山上，山门是向东的。一进去就觉得平旷；南面只有一道低低的砖栏，下边是一片平原，平原尽处才是山，与众山屏蔽的潭柘气象便不同。进二门，更觉得空阔疏朗，仰看正殿前的平台，仿佛汪洋千顷。这平台东西很长，是戒坛最胜处，眼界最宽，教人想起'振衣千仞冈'的诗句。三株名松都在这里。'卧龙松'与'抱塔松'同是偃仆的姿势，身躯奇伟，鳞甲苍然，有飞动之意。'九龙松'老干槎枒，如张牙舞爪一般。若在月光底下，森森然的松影当更有可看。此地最宜低回流连，不是匆匆一览所可领略"。更早的汤鹏在《戒坛观九龙松》一诗中结合地势写出其特出的姿态：

乾坤无安排，山谷迥且工。

潭柘自有泉，戒坛自有松。

种松溯何代，老干蟠九龙。

下枝荫厚地，上枝摩太空。

岂不罗霜雪，长此千岁容。

青龙倚其颠，黄鹤栖其中。

人生贵所适，天性焉能蒙。

逐嚣理固塞，习静神逾充。

愿从苍官游，时与偃佺逢。

饱餐茯苓脂，长为黑头翁。

汤鹏，字海秋，自号浮邱子，湖南益阳人，清道光年间著名的诗人、学者。与同时期的龚自珍、魏源、张际亮同被誉为"道光四子"。汤鹏曾被夸称为"凌轹百代之才"，兼与当时炙手可热的权贵汪廷珍、穆彰阿有

师生之谊，本可平步青云，但他为人狷介，不甘阿势媚俗。汤鹏是较早书写鸦片战争题材的诗人，其诗题材重大，凝重深沉，兼擅抒情和叙事，于嬉笑怒骂中尽显思想的睿智和诗才的多元。汤鹏在京居住期间，写有专门燕京八景的组诗。这首写戒坛龙松的诗很能反映其诗的特点，用词不避俗语，但自有其面目在。正如龚自珍评价他的诗歌时说的那样，"海秋心迹尽在是，所欲言者在是，所不欲言而卒不能不言在是……要不肯挦撦他人之言以为己言，任举一篇，无论识与不识，曰：此汤益阳之诗"。

（三）古柏

北京的古柏，树龄在五百年以上的约有五千棵以上，占北京一级古树的绝大多数。它们大多种植在辽金时期至明代，最早的可追溯到唐朝，尤以明柏居多。潭柘寺高矗的两棵三十多米高的参天古柏，是北京现存最高的古柏。因其为辽代所植，所以又称"千年柏"。樱桃沟的水尽头处南边，有一棵姿态奇特的"石上柏"，有人因此以之附会《红楼梦》中的"木石奇缘"。"石上柏"并非只在樱桃沟有，洪光寺亦有，王衡的《游香山记》里写他游洪光寺时看到的古柏风景，"洪光寺，入石门路甚修平，可步，古柏夹之，外不见林，上不见颠，枝干交荫，人行道上，苍翠扑衣，日影注射，如荇藻凌乱。可数百步，复折而上，如是者凡十有一，每登一折，必右俯木末，左瞰绝壁。壁皆甃石为之，岁久若天造，柏从石罅出，多类鬼工。初登一二盘，奇在柏。稍上诸山如螺髻，自柏外见，则又奇。至七八盘，山尽在下，精蓝名墅，棋布绣错，金碧晃耀，日竟屡换，殆无暇问柏奇矣。盘穷为山门，甚精丽，又进为圆殿，亦目所未见"。

二

白石锋稜涧屡湾

山有石，便增添了不少气势。西山多石，形态特异的有棋盘石、蟾蜍石和香炉石等，在绵延山脉中还形成了纯以石为景的石景山。更为重要的是，这些怪石还有呵护它们的爱石之人。

（一）石形

石头本不起眼，但如果形状特异则引人注目。历代喜石玩石的人较多，如碰到佳品必会全力以购，倾家荡产者不在少数。山石亦是中国诗和中国画里不可或缺的主题，写西山石较有特点的是傅淑训的六言诗《香山》：

> 棋盘石无人弈，护驾松有鸟栖。
> 下界钟声古寺，上方月影前溪。
> 平甸方方似绣，高峰两两如门。
> 牛羊十里五里，鸡犬前村后村。
> 丹井泉曾入梦，香炉石尚萦烟。
> 紫陌皇州望里，晨钟夕磬森然。

傅淑训，字启昧，孝感人。明崇祯末年曾任户部尚书，朝廷有紧急任务，傅淑训会想尽一切办法完成，皇帝褒扬他"佐计勤练"。前后历官四十余年，后解职回乡。明亡后傅淑训专心著述，著有诗集《白云山房集》，其书法尤工，为时人称道，民间誉其为一品尚书"傅天官"。这首诗写到了西山的棋盘石和香炉石，写棋盘石设下了一个无

人对弈的天地自然之局，写香炉石编织了一个世俗与宗教缠绕的梦境，朝皇城望去是紫陌红尘，朝山上静观则是青灯古佛。

（二）石景

石景山本名石径山，它的景观是从劳作中形成的，正如《帝京景物略》中所说，"山故石耳，无景也。土人伐石，岁给都人，石田是耕，不避坚厚，久久，岩若、洞若焉"。石景山本来只是市内石材需求造就的石山，但万历十六年（1588年）九月十六日明神宗的登临使得此山变得无比重要，当时随行的申时行在《从驾幸浑河，召问黄河水势，因敕河臣堤防，爰命赋诗以纪》一诗里用石景来颂祷江山永固：

> 寿宫福地开嵯峨，高秋风日回熙和。
>
> 万壑千峰时望幸，九游七翠纷来过。
>
> 羽骑初旋大峪岭，銮舆载指桑干河。
>
> 桑干之水何湍激，触石萦崖迸沙碛。
>
> 浊涨沮洳九百里，惊涛喷薄三千尺。
>
> 下濑骤如风雨声，回波忽变烟霞色。
>
> 天子临观欲受图，青旌翠盖争先驱。
>
> 牛马两崖望河伯，鱼龙千队朝天吴。
>
> 重瞳一顾三太息，何物汹涌如斯夫。
>
> 吾观此水仅衣带，犹然衍溢为民害。
>
> 况复黄河天上来，百折狂澜趋渤澥。

异时平陆翻洪波，泛滥不止如人何。

美玉长芟愁不属，金钱岁费何其多……

坐令陆海俱安澜，还见蒿莱成黍稷。

川输岳贡亿万年，休气荣光常四塞。

申时行，字汝默，号瑶泉，晚号休休居士。申时行为明嘉靖四十一年（1562年）状元，人品才干为张居正所赏识。在张居正死后，他曾一度主持朝政，但其在任期间并没有太大的作为，只是维持了皇帝与文官集团之间的关系，间接促进了社会的繁荣和稳定。一些激进的史论家认为申时行是一个"首鼠两端"和"八面玲珑"的官场不倒翁，既无主见，也无能力，更无作为，特别是申时行主政期间的求稳，和张居正大刀阔斧的改革相比，实在是过于平静，以至于有点波澜不惊。但他的功绩在于能及时将王朝从关于张居正的一切争论中拉了出来，避免了更大的内耗，为明末最后一段繁荣做出了贡献。上面这首诗虽是奉旨写作，但他抓住了桑干河来写石景山，更能凸显石景山在地势上的重要性。

（三）爱石

西山的石在爱石人看来是取之不尽用之不竭的宝库。爱石除了要有高超的鉴赏能力，还得有相当的财力。在这方面，明代的米万钟可谓是最突出的代表。这从米万钟的友石、湛园、文石居士、石隐庵居士等一系列雅号中便能窥见一二。他的藏石也非常丰富，最具传奇色彩的是他收藏过的"青芝岫"。青芝岫被称为中国四大名石，与苏州留园的"冠云峰"，

杭州西湖的"皱云峰"和上海豫园的"玉玲珑"齐名，现陈设在颐和园乐寿堂前。青芝岫石长八米，宽二米，高四米，重二十多吨，具有玲珑剔透之质，重峦叠嶂之姿。这块大青石最早发现于房山的上方山，陈衍的《米氏奇石记》曾记米万钟得石过程："米太仆于大房山得异石……欲致之园中。乃束牲载书告之曰：惟予之于公也，素性敦好，气质攸同。原求于山，乃幸见公。惟公之于予也，自启云关，不靳一斑。爱兹披尘，得睹道颜。予既于公为夙契，公宜为予而出山。云何屡恳，不即慨然？既闻即次，复且迟延。岂谓小园之无地，异空山之有天？予则有平原茂树，草蓐花嫣。良辰胜日，佳客名贤。或袍笏之肃拜，或韵事之联翩，或笑歌之昵就，或樽俎之流连。视尔山中，孰全孰偏？又岂恶石工之佻巧，畏用大之不情？予则有酒伴笙侣，云屋松帡。自然导窾，百态岐嶷。且物有用而功宏，道有用而名成。不炼细补天之绩，不镌晦磨崖之英。视尔山中，孰重孰轻？石乎石乎，何濡滞而不行！"这是一篇人与石之间的对话，将石头当作一个有生命的对象来看待。米万钟最早本是想将其搬至勺园，但后来因故置于道旁。

大青石虽然处在荒野之中，但它一直是人们议论的话题。同是爱石之人的东林党人薛冈模拟大青石的口气写了一篇洋洋洒洒的长文，开头说自己的处境，"仆山中顽民，赋质坚贞，不能言动，意有所契，仅知点头。孤眠独立，托处房山，以为我地莫尊，我计莫得，我心莫静，我体莫宁。千岩万岫闲，确乎其不可转矣。顷者山灵失职，不守藩篱，俾我支机，漫遭汉使。遂承足下安车蒲轮，从者数百，厚币卑辞，远辱召命。天壤可敝，知己难逢。昔秦皇帝欲通三山，遗仆入海，尝靳带砺，虐以鞭笞。仆义不受辱，身可流血，足必不移"。接着体谅对方的处境，担心影响到米氏的名声，"仆以足下永附廉吏之称，足下以仆及蒙愚公之诮。

非所以答清贶而安予心也。且足下家傍琼林之中，则十面仙郎为政，自号玄衣客卿，既态既韵，亦见亦隐，五岳让其秀耸，八音争其铿锵，奇气逼人，不可一世，拥肿之与游，我形觉秽，何以施面目于此君之前哉？仆尚有虞焉。足下与客卿游有年矣，馆之以白玉之宫，升之于紫霞之座，窥彼所宜，曲合其意，行拟偕行，止拟偕止，而使帡在道，无计相将，躯质邱园，貌登缣素，邀人赞跋，对客摩挲，梦里玄衣，卷中斑管，鸟啼吏散，悠悠我思。假令仆俨然而至，足下不胜之喜，必袍笏迎拜，晨夕与俱，异日君位渐高，君途渐远，携之不去，思之不来，有如今日，何以为怀？仆之累足下不浅矣"。最后用饱经沧桑的语气来告别，期待能有相会的一天，"初游尘界，来路已迷。导之使还，顾借力士。古称金铜仙人辞汉，铅水沾襟，仆既乏羊足，亦鲜燕翎，欲归未能，泪作时雨，惟足下念之。若足下膏肓有癖，嗜果在痂，请毕钟鼎之才，薄建山林之业，地无虎豹，乡颇安恬，俗子不来，恶声不入，煮之则我即粮，偃之则我即枕，待君结邻，同吾不老。足下计不出此耶？"此文模拟逼真，活现了石头对爱石人情感的反馈，成为赏石爱石的一则佳话。

三

五花阁下听沧浪

山有泉，便平添不少秀媚。西山泉水清洌，水质好，游人赏玩之际也不乏饮用解渴。在茂密树林间有汩汩流水涌出，正合了古人所说的"林泉"。西山是许多隐士喜欢的隐居之地，正在于其林泉之致。

（一）玉泉

玉泉山风景秀丽，泉水清澈，晶莹如玉，山以泉名，故名玉泉。金章宗于山麓建芙蓉殿，辟为玉泉行宫。由于这里水清而碧，澄洁似玉，"以兹山之泉，逶迤曲折，蜿蜿然其流若虹"，因而当初定名"玉泉垂虹"，成为燕京八景之一。元代，引玉泉渚水注入昆明湖，沿金水河流入大都，作为宫城专用水源，一直沿袭到清初。元代陈孚、明代金幼孜均有《玉泉垂虹》诗。清乾隆皇帝在多次观察看不到垂虹效果后，将其更名为"玉泉趵突"。相对而言，垂虹更适合想象，吴宽的《饮玉泉》里"垂虹名在壮神都，玄酒为池不用沽。终日无云成雾雨，下流随地作江湖。坐临且说登山屐，汲饮重修调水符。尘渴正须清冷好，寺僧犹自置茶炉"几句，就将玉泉水质的特异同想象的美结合在一起：

吴宽，字原博，号匏庵、玉亭主，世称匏庵先生。明成化八年（1472年）状元，官至礼部尚书，曾参与修订《明宪宗实录》。明代著名学者焦竑评价他说"吴文定好古力学，至老不倦。于权势荣利，则退避如畏。在翰林时，于所居之东，治园亭，莳花木，退朝执一卷，日哦其中。每良辰

佳节，为具召客，分题联句为乐，若不知有官者"。作为诗人和著名书法家的吴宽对山水之爱发自内心，在他居官京师时多次到西山游玩，这首诗还原了当时一众雅士游山时品玉泉的情景。

（二）水泉

水泉院是碧云寺内风景清幽的好去处，此院中有天然流泉，一般称为"水泉"，也曾经叫作卓锡泉。"卓锡"传说因高僧用锡杖戳地出泉而得名，同名的还有济南灵岩寺的名泉。文人们喜欢住在碧云寺听听幽泉的声音，王世贞的《碧云寺泉》这样写道：

> 苍龙戢其首，日夜漱寒玉。
>
> 助尔松风声，借之竹色绿。
>
> 时从斋厨下，泠然注空谷。
>
> 自爱穿云多，焉知出山独。
>
> 一酌聆斯言，徘徊怆心曲。

王世贞，字元美，号凤洲，又号弇州山人，在明代文化史上占有极高地位。他名下的著作有三千多卷，负责编纂《四库全书》的纪昀认为他是古往今来个人著述最多的人，"考自古文集之富，未有过于世贞者"。他与李攀龙等人并称"后七子"，是明代中后期文坛健将，受他影响的文人多不胜数，李时珍的《本草纲目》也因为他的序言而逐渐为人所知。作为嘉靖后期至万历初期的文坛领袖，王世贞不仅在各类文体写作上都有代表

作品，在个人品格上，不畏权贵，不媚阁相，德被天下，是士大夫心目中的楷模。王世贞在北京为官的时间比较断续，他的西山游历算不上很充分，但这首写水泉的作品很能展示他复古模仿的风格，此诗主要化用杜甫的《佳人》，将水泉比拟成一个幽居空谷的绝代佳人，并在"焉知出山独"里化用了"在山泉水清，出山泉水浊"的对比，算是对山泉清洌的一种诗性赞美。

（三）双清泉

香山之美除了山美外，还有泉水环绕。双清泉位于香山寺脚下，是香山南山之水，与碧云寺的水泉南北呼应。双清泉原来叫丹砂泉，相传是葛洪炼丹井。传说有一天金章宗在香山梦见自己射小鹿，当他循箭追踪，却有两眼清泉从石缝中汩汩流出。次

日，他命令士兵到梦中落箭处挖掘，果然发现清泉流出，因名此泉为"感梦泉"。后来乾隆皇帝来此地觉得名字太俗，就改名为"双清泉"，并题名刻碑。这道泉流往东北注入双清池，再入知乐濠（原香山寺放生池），由清音亭过带水屏山即静翠湖，绕出南门。孙承泽的《香山寺丹砂泉》这样写道：

> 昔日稚川子，来看香炉峰。
>
> 炼丹于其下，二井留遗踪。
>
> 神仙宁有术？空复访崆峒。
>
> 桓桓汉武帝，痴与秦始同。
>
> 达哉庄蒙叟，明载哭犹龙。
>
> 何如饮泉水，烹茗坐青丛。
>
> 俄顷清香发，涵澹素瓯空。
>
> 一吸如冰雪，万壑响松风。
>
> 何事伏鼎傍，注目鼎火红！

孙承泽，字耳北，一作耳伯，号北海，又号退谷。他经历了明、大顺、清，三易其主。他在清廷任职十年，频繁调迁，虽然任过各类官职（由太常寺历大理寺、吏部、兵部），加太子太保，但并不受重视。仕明、投李、降清的经历使他的个人气节备受质疑，不过他晚年写的《春明梦余录》和《天府广记》是两部极其有名的北京地方史料，而在樱桃沟修建的退翁亭已经成为西山的人文景点。这首写丹砂泉的诗借炼丹这个题材下笔，嘲讽了秦皇汉武长生不老的妄念，将享受林泉之乐看作人生的极致。

（四）温泉

明清时诗文中提及的温泉，多是讲其在神京的祥瑞作用，徐乾学的《温泉赋》里上升到"温泉者，为域中之珍瑞，亦天地之神灵……非神鼎而长沸，异龙池而独深"，他的《温泉十六韵》是目前所见写温泉最翔实的作品：

灵液流芳甸，温涛注苑墙。

泽因仪凤丽，源为濯龙长。

地脉烟霄上，天河日月旁。

甘分九华露，润浥五云浆。

仙鼎偏能沸，丹砂本自香。

从官瞻豹尾，遗俗问渔阳。

上善尊川后，涵虚让谷王。

醴泉逾建武，神水迈咸康。

黄屋山当牖，苍池石作床。

碧莲开藻井，翠荇接芝房。

圣母时来幸，怡颜乐未央。

蹠痟功莫尚，驻老孝弥彰。

调剂中和气，淳涵绀洁光。

四时常补益，一节阅炎凉。

本不容瑕垢，何妨示激扬。

濯磨思自效，精白奉吾皇。

徐乾学，字原一、幼慧，号健庵、玉峰先生。清康熙九年（1670年）探花，授编修，先后担任日讲起居注官、《明史》总裁官、侍讲学士、内阁学士，后升任左都御史、刑部尚书。曾主持编修《明史》《大清一统志》《读礼通考》等书籍，著《憺园文集》三十六卷。家有一座"传是楼"，乃中国藏书史上著名的藏书楼。这首温泉诗将《温泉赋》中的精华撮要而写就，对了解明清时代的温泉提供了重要的文献佐证。值得一提的是，在清代的翰林院考试里，律赋作为一种考试命题不再专门从儒家经典里命题，而常以风景为题目，不少写西山的赋就是因此制度而产生。

（五）龙泉

龙泉现称为白浮泉，位于昌平化庄村东龙山东麓，元代著名科学家郭守敬为引水济漕，解决

大都城的漕运问题，上奏元世祖引白浮泉水作大运河北端上游水源，至元二十九年（1292年）白浮堰建成。泉眼处当年建有水池，将水围起，流水出处有青石雕刻的九个龙头，取名九龙池。明代学者程敏政在明成化十四年（1478年）因为到西陵办公事，临时到此游览，"成化戊戌，有事于西陵。自昌平寻九龙池，迤西山而南，绝小涧，涧小腾沸石齿间，马为之前却，逾涧望前峰，趋之失道，径茂淤，入灌莽中，遇樵者指示，乃并高阜东南行，不五里，忽闻鸡犬声出谷中，相顾异之。俯瞰得委巷草舍，隐然成村，询之乃陵卒所居，池适在其南"。好不容易找到九龙池，"未至池，石濑溅溅，北流入沟塍，稍宽处辄有蒲芷丛翳，鹅鹜泳游其下。自朱门入池，方广逾十丈，重垣护之，覆以黄甍，石琢九龙首，嵌西垣下，呀然张颊，喷泉沫入池有声，泠然相应。池上石壁千仞，巉削如斧凿痕，泉脉出其中，山脚为小石方井识泉源。桧竹桃柳，夹池东西，一峰苍然峙其南，池中影沉沉绀寒，门稍东为月关泄水，水淙出关，东为小渠，过石梁乃萦回西入山下田，即前所见者"。除了风景好，泉水也特别清冽可口，"予命从者下石磴，以碗承龙口泉，饮一勺，味甘爽，毛骨森然。听陵卒道文庙驻跸泉上事，久之乃去"。

（四）

石洞亦幽阴

山无洞，便缺了不少灵气。西山一带洞穴数量不少，较著名的有宝珠洞、云水洞和化阳洞等。

（一）华严洞

西山地区同名的华严洞有两个，一个在玉泉山，一个在上方山，更著名的是前一个。元世祖于至元年间在玉泉山修建了昭化寺。明英宗于正统年间敕建上、下华严寺于山之南坡，寺内及附近有华严洞、七真洞两石洞。早在元代，耶律楚材就写过《华严洞》：

> 花界倾颓事已迁，浩歌延望意茫然。
> 江山王气空千劫，桃李春风又一年。
> 山横翠巘架寒烟，野春平碧怨啼鹃。
> 不知何限人间梦，并触沉思到酒边。

耶律楚材，字晋卿，号玉泉老人、湛然居士。耶律楚材出身契丹贵族，早年在金仕至左右司员外郎。蒙古军攻占金中都时，成吉思汗收耶律楚材为臣。耶律楚材以儒家治国之道提出和制定了各种施政方略，为蒙古帝国的发展和元朝的建立奠定了基础。在中国文化交融史上，耶律楚材地位极其重要，王国维的评价最为中肯，"文正师事万松老人，称嗣法弟子从源。其于禅学所得最深，然其所用以佐蒙古安天下者，皆儒术也。公对儒者则唱以儒治国，以佛治心之说。而《寄万松老人书》则又自谓此语为行权。然予谓致万松一书亦未始非公之行权也。公虽洞达佛理，而其性格实与儒家近，其毅然以天下生民为己任，古之士大夫学佛者，绝未见有此种气象。古所谓墨名而儒行者，公之谓欤！"这位文化史上的大人物生于燕京，死后又葬于他生前眷恋的玉泉山。可以说，耶律楚材的一生都与西山有着密不可分的关系。这首诗并

没有特别写华严洞的内景，而是专注于王朝更迭，将无限感怀写入一片春色之中。

（二）吕公洞

在八仙故事中，吕洞宾经常出没于民间，与他有关的玄洞特别多。吕公洞是同名重复较高的景点之一，西山也有吕公洞，在玉泉山补陀寺内，有时也称吕公祠。李梦阳的《吕公祠》这样写道：

> 厓根谽一门，怪石相撑拄。
>
> 谺谺自吞呷，白昼亦风雨。
>
> 阴处泛清泉，积苔荫钟乳。
>
> 往闻茅山胜，夙慕华阳主。
>
> 路遐限孤往，倏历十寒暑。
>
> 经亘骋心目，小憩偕道侣。
>
> 兹洞虽人境，固足托茅宇。
>
> 惕然忽内咎，我何恋簪组。

李梦阳，字献吉，号空同，明代诗歌前七子之一。前七子强调复古，提倡"文必秦汉，诗必盛唐"。对于文学复古的评价见仁见智，但对于具体的诗歌题目来说，写景诗套用古诗的写法更能增添人文气息。此诗大意无非是说这儿的风景好，对于修道修仙都有帮助。这首诗中最生僻的用词当属"谺谺"，这个词是形容山谷空大，唐代诗人卢照邻在《五悲·悲昔

游》中曾有"当谽谺之洞壑，临决咽之奔泉"的用法，很能用汉字中象形的特征传递山谷风貌的奇特。对于吕公洞这样形貌独特，并且充满了传说和故事的玄洞，选用古僻字词的表达显然更为恰当。

（三）云水洞

云水洞现位于房山区上方山森林公园内，是著名"九洞十二峰"中的一洞，其他八洞是天王洞、九环洞、延寿洞、阴阳洞、华严洞、金刚洞、朝阳洞和西方洞。从命名中可以看出，天王洞、华严洞和金刚洞显然有着佛教的色彩，而延寿洞和阴阳洞多少有些道家的味道，至于九环洞、朝阳洞和西方洞则纯是从形状和方位命名。云水洞则既结合了自然物象"云"与"水"，又不乏有"水穷云起"的诗意联想。

明代人已开始详细记录了云水洞的美景，袁宗道的《上方山》一文中这样写道："毗卢顶之右，有陡泉、望海峰。左有大小摘星峰……一老僧说'峰后有云水洞，甚奇邃'。……蛇行食顷，凡四五升降，乃达洞门。入洞数丈，有一穴甚狭，若瓮口。同游虽至羸者，亦须头腰贴地，乃得入穴。至此始篝火，一望无际，方纵脚行数十步，又忽闭塞。度此则堆琼积玉，荡摇心魂，不复似人间矣。有黄龙、白龙悬壁上，又有大龙池，龙盘踞池畔，爪牙露张。卧佛、石狮、石烛，皆逼真。石钟鼓楼，层叠虚豁，宛然飞阁。僧取石左右击撞，或类钟声，或类鼓声。突然

起立者，名曰须弥。烛之不见顶。又有小雪山、大雪山，寒乳飞洒，四时若雪。其他形似之属，不可尽记。大抵皆石乳滴沥数千年，积累所成。僮仆至此，皆惶惑大叫。予恐惊起龙神，亟呵止不得，则令诵佛号。篝火垂尽，惆怅而返。将出洞，命仆敲取石一片，正可作砚山。每出示客，客莫不惊叹为过岷山灵壁也。"

（四）宝珠洞

宝珠洞现为西山八大处的第七处寺院，它位于翠微山顶，是八大处地势最高的一处。寺前有一座木结构牌楼，匾额内外分镌"坚固林"和"欢喜地"，为清乾隆皇帝御笔。过牌楼前行，可见一天然巨石赫然路旁，石上隐约可见行书《宝珠洞诗》，落款处镌有乾隆玉玺印迹。

据说该洞是清代香界寺住持海岫和尚用十指抠去一粒粒砟石，天长日久形成的。这大致是展示毅力的故事，不过也正说明洞石的特别。洞中供奉的"鬼王菩萨"相传便是海岫和尚，而这又常常与香妃的故事联系在一起。相传乾隆年间，新疆天山南部准噶尔部霍集占兄弟策动叛乱，乾隆皇帝御驾亲征。在扫平叛乱后，乾隆皇帝得到了小和卓木部台吉和扎麦的小女儿。因其貌美体香遂被封为香妃。但她入宫后矢志不从，最终被崇庆皇太后赐死。乾隆皇帝不忘香妃，思念成疾，御医百治不愈。宫中便怀疑是香妃鬼魂作祟。于是有人便奏请恩准海岫和尚入宫一试。海岫领旨后，亲率僧徒一百零八名入宫，诵经作法七七四十九天，最终果然奏效。此事一时名震京师。都传说海岫和尚是能治鬼魂的活佛，于是乾隆便赐封他为"鬼王菩萨"。

　　故事归故事，在宝珠洞看风景确实不错。尤其是秋天时，正如近代诗人张际亮在《宝珠洞》中写的那样：

> 宝珠洞何高，迥出乱石上。
>
> 磴道缘嶄峭，城郭俯超旷。
>
> 幽燕积秋色，千里非一状。
>
> 日穷鹰隼外，桑干浩东向。
>
> 苍茫昆明湖，日气蒸烟涨。
>
> 心悲吴楚郊，今年汩巨浪。
>
> 父老荡田宅，使者筹堤防……

　　这首诗写于清道光十二年（1832年），张际亮在科举考试中再次名落孙山后，住翠微山寺读书之暇游览时所作。此诗用词很有气势，而且还不忘提及水利方面的问题，展现了他"经世致用"的抱负。

（五）庞涓洞

戒坛山常被看作是西山的"幽邃处"，而它的胜景主要在玄洞，而在这些洞窟中，首屈一指的是庞涓洞。庞涓洞又名化阳洞，也称太古观音洞，从名字上看，充满了宗教神秘色彩，但实际上洞内美景主要是形状各异的钟乳石。如果我们沿着明人袁宗道的脚步，可以领略庞涓洞之美，"戒坛山以洞胜，庞涓洞尤为诸洞第一。予既登山顶，峰如聚壤，水如曳绡。顾见右腋峰腰间，朱槛掩映，度有异景……转山麓可里许，始达洞门……予入洞礼佛毕，偃仰石榻上，脚力稍复。乃命小僧持烛前引，洞中严净宽敞，两壁石乳滴沥成物状，如绘画者，不可胜计。一井绝深，投以瓦砾，宛转铮铮，食顷方歇。僧云：'此井通浑河，往有人缚一犬置井中验之，果从浑河出。'……洞中多鹅管石，可入药，予以语昭素，昭素始大悔不游"。此记载于袁宗道《戒坛山》一文中。登戒坛山本就不易，再探庞涓洞就更辛苦，好在里面奇诡的美景足以让游者流连忘返。

引人入胜的钟乳石也同样出现在清末时期皇室子弟载滢的笔下。爱新觉罗·载滢，恭亲王奕䜣次子，他虽然不像其父那样深入地卷入宫廷斗争，但还是难免受到一些波及，于光绪二十六年（1900年）因义和团事被革去爵位。作为清末皇族中比较有代表性的诗人，他对陶渊明充满了热爱，也写了不少西山的诗，写庞涓洞的《游极乐峰太古观音洞》记述了20世纪初该洞的情形，当时洞内最有特点的钟乳石形状，"古洞杳无极，秉烛穷幽险。振衣步跼蹐，探奇忘近远。穹隆现光怪，奇幻乱双眼。或如虎豹蹲，或如龙蛇蜿"。他在诗的自注中还特别写道："洞深奥莫测。山僧秉炬拾级而夏。怪石嶙峋，不可思议。内有卧虎石、蜘蛛石、石佛、石塔、石梯、石乳诸胜景"。

（六）石经洞

石经洞现在房山石经山内。石经山本名白带山，这里不仅是房山石经刊刻起源之处，也是佛祖舍利出土之处。据考，石经始刻于隋大业十二年（616年），僧人静琬为维护正法，镌刻经于石。刻经事业历经隋、唐、辽、金、元、明六朝，绵延一千多年，刻佛经千余部，分藏于石经山九个藏经洞和云居寺地穴之中，规模之大，历时之长，是世界文化史上罕见的壮举，是世上稀有而珍贵的文化遗产。石经山有九个藏经洞，其中两个藏经洞靠下，另外七个藏经洞位于这些悬崖峭壁之上。元以后说的主要是这七洞，文昭的《登石经山历览七洞》里是这样写七个洞穴的：

> 入谷无平川，石齿何碨磊。
> 万岫叠鳞鳞，一水流浇浇。
> 遥瞻疑莫登，引路随樵采。
> 半山义饭厅，小坐息酸腿。
> 再举踏危梯，峦赏已忘殆。
> 静琬昔藏经，暨今七洞在。
> 银钩与铁画，层累阅千载。
> 浮生倏若电，宏愿深如海。
> 地因竺典灵，山卫芯题改。
> 石室俨天人，金碧发光彩。
> 石井与经台，极游恐不逮。
> 坐受风冷冷，俯视云暧暧。

玲珑疑鬼工，人力胡能乃。

回首瞰长空，吾其信真宰。

　　文昭，清宗室，为镇国公百绶子，字子晋，号紫幢，又号芟婴居士、北柴山人、桧栖居士，是清初诗坛领袖王士祯的入室弟子。他写过不少有关京城风俗的诗，其诗歌的价值在20世纪被周作人发掘并阐发出来。这首诗里将石经洞形成的过程原原本本写出，给后人留下了了解七洞形态的最形象的文献。

诗文印象

十里山雍雍，一峰秀出天。

峰黛上下彻，髻螺跃青莲。

今古黄金轮，日月飞平川。

高磴何年道，石齿森森然。

数转窈以深，流泉为之湔。

元化久煅炼，拔地根孤坚。

慧聚乐亦极，斯戒斯坛焉。

托身苍霭中，如梦如初禅。

——金印荣《从戒坛至极乐峰下》

万叠千盘皆古刹，风幡雨铎满西山。

池边施食游鱼出，楼下鸣钟夕鸟还。

岭日不禁烟滉漾，林花未敌叶朱殷。

无人遂此辞尘去，一宿禅关也是闲。

——郭正域《碧云寺》

一

一峰秀出天

山因为有峰而显得壮丽。攀登高峰常被说成人类征服自然的行为。当

我们把高山看作是大自然耗时千年的作品，我们对高山的想象会充满了神秘和敬畏。而有机会登临山峰，不仅能找到更好的观赏角度，也更能体会山之壮美。西山起伏绵延，引人入胜的险峰也不少。

（一）香炉峰

香炉峰是香山的顶峰，因山顶处有一巨石，从远处眺望形如香炉，加之周围常常出现云雾缭绕的动人景象，看来犹如香烟弥漫而得名。站在香炉峰远眺四野，可将西山美景尽收眼底。它是洪光寺十二景之一，塞尔登的《洪光寺十二景》将这些景点用诗连缀起来：

> 半月池边月色阑，祭星台上草漫漫。
> 朝阳洞接炉峰暖，乳水泉通雪岭寒。
> 圆殿凌霄形若笠，曲松夹径势如盘。
> 凤山千仞双槐耸，拳石亭亭拱玉峦。

塞尔登是清雍正时人，据屈复在《绿云堂诗集序》里的基本介绍，大致可以知道他是长白人，常邀朋友到西山游览并相互酬唱，诗歌风格比较平淡。这首诗从半月池开始，顺序介绍了祭星台、朝阳洞、香炉峰、双乳泉、小雪山（雪岭）、圆殿、曲松、凤山、两株槐、一拳石和玉岩峰。在五十六个字中将十二个景点都自然表现出来，显示了作者对这些景点的熟悉以及诗歌技巧的娴熟。

（二）中峰

中峰在香山之后，以其居诸峰之中，所以叫中峰。明代曾有一个中峰庵方便观景，游人甚众，到清代时已不存，在明人诗文中能看到此处观景的美况。袁中道的《中峰庵》一文详细记述了其所处位置及观景的特别，"西山别嶂忽开，如两袖之垂。其左为帝王庙、翠岩寺、曹家楼，其右为弘教寺，而其中峰为中峰庵。庵据最高处，望原隰如在几前。自门至堂，皆以精石砌之，净不容唾。前有楼，可以御风；左有亭，可以迟月，松花秀美。坐其下，音韵悄然"。冯琦在《中峰庵》一诗中写得更加形象化：

> 中峰何高高，孤寒起寥廓。
>
> 寺楼相隐见，石径相参错。
>
> 振衣立爽垲，举杯向广莫。
>
> 不知山路尽，但见天宇豁。
>
> 对面蓟门峦，青紫点危削。
>
> 远树若草科，西湖岂盈勺。
>
> 万象各自为，片云随所泊。
>
> 洞龙雨工罢，霭霭归旧壑。

冯琦，字用韫，号琢庵、胸南，明万历朝进士，官至礼部尚书。冯琦长期居于要职，曾写过不少有名的奏疏，尤其是对明末矿税有独到见解。他的诗学习魏晋，这首诗以无写有，以壮阔写高远，表现了中峰孤标特出的气势。

102

（三）极乐峰

戒坛山形如驼背，在其侧后方的上峰为极乐峰。极乐一词显然是出自佛教经典，指的是阿弥陀佛的净土或者阿弥陀佛的世界，梵文本意是幸福所在之处。极乐峰现名千灵山，位于王佐镇西北部马鞍山，主峰海拔六百九十九米，是北京近郊的高峰之一。登上山顶，可以俯瞰京城全景，远眺视野极佳。王崇简的《从戒坛至极乐峰下》细致描述了山峰间的跌宕起伏：

> 路峻无闲步，极峰休众想。
>
> 逼崖下上穷，目与心恍恍。
>
> 树老风吹新，云合瀑闻响。
>
> 欹木连壁苔，疏花缀径荞。
>
> 我友多远思，踆踆欣所往。
>
> 坐对各一石，心怀共超朗。

王崇简，字敬哉，一作敬斋，宛平人。明崇祯十六年（1643年）中进士。清顺治三年（1646年）授内翰林国史院庶吉士，历任秘书院检讨、国子监祭酒、礼部尚书、太子太保等职。王崇简在明代时就很有名，受左光斗等人的器重，入清后受到顺治、康熙的知遇之恩，其子王熙在康熙朝曾加太子太傅衔，父子俱登保傅，位极人臣。由于王氏自小生长于京郊，对于西山风景非常熟悉，这首写极乐峰的诗用古树、瀑布、苔藓和疏花等物象展示了戒坛极乐峰的阔达之景。

（四）摘星峰

上方山以山奇、峰高、林密、洞幽和寺古而为人熟知，九洞与十二峰是代表性的景点。摘星峰是其最高峰，现在一般称为"摘星陀"或"中天之柱"。摘星峰的险峻之美还在于与上方寺的搭配，《帝京景物略》载："寺左起一峰，百数十丈，石质润滑，黄间五采色，上有冠若、柱若，久当堕矣，未堕也"。上方寺建于辽应历十年（960年），香火最鼎盛的时期是明代中期到清道光年间。曹学佺在《上方寺》一诗中写出了寺与峰的呼应：

悬崖车马绝，杖步仅能跻。

寺向云中起，僧从天上栖。

草庵寻径远，冰窟听泉迷。

为拟前峰是，前峰到又低。

曹学佺，字能始，一字尊生，号雁泽，又号石仓居士、西峰居士。明万历二十三年（1595年）进士，曾任户部主事、礼部侍郎等职。清兵入闽，自缢殉节。这位明代的忠臣毕生好学，对于佛道典籍深有研究，他认为佛家有佛藏，道家有道藏，儒家不可独无，于是决心修儒藏与之鼎立。他可能是最早提出"儒藏"说法的人。可惜的是，历时十余年的编修，因明亡而未能完稿。这首诗写出了上方寺高入云霄的位置，也使得出世修行的僧侣如同居住在仙界，相映成趣的是，远处摘星峰的高耸使得此前经过的高峰都相形见绌了。

（五）妙高峰

妙高峰在西山后，《天府广记》载其"与天寿山相接，中开一巇，即居庸关，山峻而秀，故以妙高称"。这里曾是金章宗的"香水院"，明人袁中道在《妙高峰记》将历史沿革写入了风景描叙中，"妙高峰去沙河四十里，远视之惟一山，逼近则山山相倚如笋箨，皱云驳霞，极其生动。其根为千年雨溜洗去，石骨棱棱，每山穷处，即有小峰如笔格。法云寺枕妙高峰最高处，近寺有双泉，鸣于左右。过石梁，屡级而上，至寺门，内有方池，石桥间之，水泠然沉碧，依稀如清溪水色，此双泉交汇处也。其上有银杏二株，大数十围至三层殿后乃得泉源，西泉出石隙间，经茶堂西庑绕溜而下，东泉出后山，经蔬圃入香积而下，会于前之方塘，是名香水也。山石虽倩，更得此水活之，其秀媚殊甚。有楼可卧看诸山，右有偃盖松可覆数亩，故老云金章宗游览之所，凡有八院，此其香水院也。金世

宗、章宗俱好登眺，往往至大房山、盘山、玉泉山，而其中有云春水秋山者，章宗无岁不住，岂即此地耶！"

（六）棺材峰

棺材峰在房山红螺崄，由于与红螺寺仅一字之别，两者常常被误会为一处。红螺崄亦称红螺三崄，最早的名字是幽岚山，也叫宝金山。其大致方位在上方山东三十里，袁宏道的《游红螺崄记》中记述了行进的路程，"从葫芦棚而上，磴始危，天始夹。从云会门而进，山始巧始纤，水始怒，卷石皆跃。至铁锁湾，险始酷。从湾至观音洞，仄而旋，奇始尽。山皆纯锷，划其中为二壁，行百余步，则日东西变；数十步，则岭背面变；数步则石态貌变矣。壁邪立而阴，故不树；瘦而态，故不肤，亦不顽。蛟龙之所洗涤，霜雪之所磨镂，不工而刻，其趣乃极"。在黄山店，入崄处便是棺材峰，袁宏道的《入红螺崄道中纪事》一诗中写道："山风吹晓作新岚，仙梦茫茫古石龛。欲识死生情切出，棺材峰上卓岽庵。"借棺材的用途来引出人的生死，但更主要的是说峰形状的奇特，在峰上四顾周边群山会觉得仙气飘飘，如踏异界。

（七）银山三峰

"银山倚铁壁，天外削三峰。下见林中寺，来闻午夜钟。僧徒住石屋，雷雨拔门松。西望诸陵接，云成五色龙。"这是明代中期文坛领袖李

梦阳诗歌《题银山寺作》中所写的银山铁壁景色。银山现位于昌平卫星城东北，这里群山环抱，银山三峰位于中央，巍峨高耸，直插天际，"三峰拥翠"即为其一大胜景。呈"品"字形矗立的三峰，即佛顶峰、白银峰和歪嘴峰。中峰"佛顶峰"，最为惹眼，向南，可视蟒山；向北，可望长城。人登其顶，恍若仙界。中峰左前方者，俗称"和尚头"，又名白银峰。古人曾刻石叹曰："孤峰高出云，上有银色界。识得普贤身，虚空犹窄隘。悟明理性时，不作尘境界。"赞赏中传递着可媲美中峰的讯息。双峰竞秀，难分伯仲，却使三峰之"歪嘴陀"愈加相形见绌。山石"卓立如锥"的歪嘴陀错落于中峰身后，两个大小不一的峰头，其一微向侧倾，似一人正张嘴说话，歪嘴陀由此得名。崔学履

的《银山杂咏》里这样写三峰：

> 奇峰峭壁郁岧峣，中有神僧结草瓢。
>
> 古涧清流浸明月，悬崖万丈响空饶。

崔学履是昌平州（今昌平区）人，大致生活在明代中期。嘉靖二十二年（1543年）考中举人，嘉靖二十九年（1550年）考中进士，此后几经升迁，官拜尚宝司少卿。嘉靖皇帝经常到天寿山去视察自己的寿陵，随行大臣因昌平州是皇陵所在之区，急欲了解地方情况，频频向地方官索当地的文献资料，令昌平州官员难堪的是其时当地竟无地方志。嘉靖四十三年（1564年）十一月，刚刚到任几个月的昌平知州曹光祖（陕西临潼人）请崔学履修纂昌平州志，并带来一些地方典故资料。崔学履以自己是昌平州人，更觉得责任重大，为了弥补地方文献的严重缺憾，崔学履从嘉靖四十四年（1565年）春天起，"考索群集，访求故实"，凡与昌平州相关的史料，不怕繁多，备载无遗，并按照地方志的体例要求，分门别类地记述本末。隆庆二年（1568年），《昌平州志》遂刊行于天下。由于崔学履时任尚宝司少卿的特殊身份，能够广泛结识当时全国最高水平的史志专家，阅览到许多宫廷秘籍，采集到官方的文书资料和权威数据，使隆庆《昌平州志》接近或达到那个年代地方志书的最高水平。隆庆《昌平州志》的问世，使欲知一州自然、社会古今状况者，"开卷尽在目中，比入境则历历指数，不烦访问而俱得其实"。崔学履结束了昌平州无志的历史，使后续者有迹可循。这首诗将银山的奇峰绝壁和邓隐峰在银山说经等故实联系在一起，将历史传奇浓缩进自然风貌中。

二

危崖仄佝寺

岩崖一般是指山或高地陡立的侧面，陡立的形状会使得山势的险峻有了最明显的落脚点。西山最知名的岩崖莫过于秘魔崖、峋峋崖、白鹿岩和滴水岩。

（一）秘魔崖

秘魔崖在卢师山上，现为八大处证果寺的一部分。这里的西谷曾经橡树茂密，大石嶙峋，流泉终年不绝。闲坐于古树下的大石之上，静听流泉，如泣如诉。证果寺不仅在八大处中最古老，其地理位置也极具优势，不同于香山、碧云和卧佛等寺的幽僻，寺院与京城平原之间仅仅隔着一个小山脉，四面环山独立的山谷景色不时能听到鸟禽的声音以及树木的香味，呈现了一个较为现世的修行胜境。明人陶允嘉的《秘魔崖》很好地讲述了此崖的"前世今生"，其诗云：

> 秘魔和尚道金仙，扁舟一叶随风颠。
>
> 誓言舟至即我缘，果然止止桑河边。
>
> 藏舟于壑茅其巅，天寒夜抱扑渥眠。
>
> 金钵咒水怪蜿蜒，有二青童合掌前。
>
> 愿为弟子朝夕禅，朝禅夕禅已三年。

涤涤惨惨魃走川，下土嗷嗷朝使宣。

畴若予民为解悬，青童招云辞法筵。

云上雨下弥平田，雷雨农庶声喧阗。

雨止翻身入深渊，自言龙子今上天。

农先四民输金钱，楼殿出崖影翩翩。

至今掌有真人跧，崇碑纪实我歌传。

谁云此歌然不然！

　　秘魔和尚即卢师，他大致在隋朝仁寿年间从江南乘舟而来，途中任由扁舟颠簸，并发誓到什么地方停下便在那修行。小舟漂到了桑干河边，他弃舟登岸，来到翠微山和平坡山附近的荒林里，将此地视为佛教徒们要寻找的"尸陀林"，"尸陀林"源自隋朝僧人信行创立的三阶教，这一教派苦行忍辱，将死后以身布施的荒林称为尸陀林。卢师找到这片荒林后就自建茅屋在此修行，半山腰的巨石正好形成了南北约七米，深约四米的石室，这便是卢师禅息的地方。相传卢师在石室修行期间，收了两个徒弟，即传说中的大青和小青。师徒三人朝夕参禅，后来城中大旱无雨，官府贴榜求雨，二青作法施雨，解救了城中的旱情。在行雨完成之后，大青和小青翻身入龙潭，回到原来的水下世界。这个故事也激发了不少明清文人一而再，再而三地来此题壁。他们最喜欢表达的主题有两个，一是对卢师晏坐的思考，这是对宗教修行的一种重新还原；另一个是对秘魔崖古柏的关注，"横出石缝，不凋不荣，云卢师手植也。石经山亦有古柏一，万历初，上过之，御书灵根古柏四字"，特别的形状再加上皇帝的赞誉自然会被称赞到无以复加。明代诗人黄文焕在诗里用"遥哉芽蘖时，立意乃千古"将古柏写到空前绝后了。

（二）岣岣崖

岣岣崖在明昭陵的北面，在昌平大峪山。岣岣的意思就是盘旋往复，山石丑怪如鬼面。秋冬时节密林蔽日，与山峰相映成趣，公鼐的《岣岣崖》中这样写道：

> 桥山西北寺，一谷隐千峰。
> 曲折云屏掩，高低栈阁重。
> 传觞猿饮涧，倚盖鹤巢松。
> 小憩听泉久，东岩已暮钟。

公鼐，字孝与，号周庭，山东蒙阴人。明万历朝"山左三大家"之一。官至礼部右侍郎兼翰林院侍读学士、协理詹事府詹事、两朝实录副总裁、赠礼部尚书，谥"文介"。公鼐出生于明代后期江北一个声势显赫的"馆阁世家"里，从公鼐高祖公勉仁开始，代代进士，到公鼐一代，"五世进士、父子翰林"，成为明末著名的进士家族。他们或文治，或武功，多有建树，一时彪炳海内。公氏家族的集大成者，以公鼐为最，他也是公氏家族在文学上最有成就的一位。公鼐对北京周边的山川湖泊游览殆遍，这首诗写出了古寺消隐在峰崖之间，具有隐士气质的游人在山林间悠然自得的神态。

（三）白鹿岩

　　白鹿岩在樱桃沟西端，相传辽代有仙人骑白鹿来此定居，遂称他所住的岩洞为白鹿岩。虽说是岩，但一般观景所处的位置更像是崖。明末藏书家陈衍曾专门有《白鹿岩记》，说当时游览此处的人还很少，"凡客长安者，未有不指西山为胜概者也。然游览所至，亦自玉泉香山华严而止。予自马上望金山之势，蜿蜒截嶙，烟草四合，意必有神工鬼斧在人迹不到之处。或曰，白鹿岩最奇"。在秋高气爽的时节，他和善游的周生一起攀登，"于是挟善游者新安周生，里粮取道登瓮山绝顶，度黄砂坂，缒石涧而西。秋高，涧水仅没踝，清驶殊常，挹而饮焉。夹涧桑叶如绮，涧穷小岭横之，有白石如幢，屹立岭上，微有字画，然薄蚀不可辨矣。越岭诸峰争列，芽茁不断，一峰最异，即白

鹿岩也"。白鹿岩十分险峻，"岩高数十丈，嵌空欲堕，中虚可旋两车，岩左一隙如窗棂，下视深窅，不知所际，谷风倒射，隙内琤然，虽笙筑合奏不如也。相传辽时有仙人骑白鹿，往来斯岩，故以命名"。在此观看西山群山，视野非常不错，"登岩顶间万寿山，如竖掌指，西望太行，高挂天际，夭矫拿飞，烟云绕之，断续无迹，适风烈不可久立而下。岩角有茅舍，小而整，西僧居之，黄眉红颊，采草根和水以食，音语不通，见人嘻笑而已，不知何年代至中国栖迟此山也"。山岩间不乏奇树，"凡岩之木皆偃蹇离披，非平地所见。独岩口古桧一株，根出两石相夹处，盘旋横绕，倒挂于外，大可数百围，色赤如丹砂。夫人不能拊虬龙而谛视之，使得谛视，当如此桧矣。是又岩中之最奇者也"。

（四）滴水岩

滴水岩在石景山，《宸垣识略》载："过仰山村，折而西上黄牛冈口，益险隘。自此而登，左万丈溪，右千仞壁，径断处架以木栈。过张公洞，有石垣垩屋而丹者，是谓滴水岩矣"。崔子忠写过多首《滴水岩》，其中最简洁的是这首：

> 入不知高下，山春水似秋。
>
> 星河平地看，鸡犬半天游。
>
> 数顷耕无异，千泉滴未休。
>
> 白云朝出宿，知是绕神州……

　　崔子忠，初名丹，字开予，后改名子忠，字道母。明末著名画家，在人物、山水、花鸟方面都有涉及，但以人物的特长，与陈洪绶并称为"南陈北崔"。明末文坛领袖书画大师董其昌评崔子忠："其人、文、画，皆非近世所见。"钱谦益则称他："形容清古，望之不似今人。"崔子忠中年时即蜚声画坛，住在北京南郊偏僻处一所简陋的小院里，《平度旧志》云其"荜门土壁，洒扫洁清，冬一褐，夏一葛"，"高冠草履，不知贫贱之可戚"。"妻布衣疏裳，黾勉操作"，两个女儿"亦解诵读"。每当兴至，则欣然展纸挥毫，妻女"皆能点染设色"，一家四人"相与摩挲指示，共相娱悦"。崔子忠为人孤高，自甘清贫，景慕和效法的是那些超然尘世之外的古代高人雅士。"当时贵人多折官位与之交，（崔）皆逃避不顾"。这位仰慕古代隐者高风的画家对西山的幽邃处多有探访，上面这首诗用字极其简单，却也写出了滴水岩"石更无隙，水渗渗生石面，既乳乃垂，既珠乃移，既就乃滴。上百千点，下百千声，乱不成听"的特点。

三

鱼浮人影外

　　柳宗元的《小石潭记》中写景状物最有神采的便是"潭中鱼可百许头"，山水之间，龙是想象和传说，鱼是风景的灵魂。西山林泉之间，能够观鱼的所在并不少。

（一）碧云寺游鱼

碧云寺除了秋色动人，方池中游鱼也备受关注。《宸垣识略》："自洪光寺折而东，取道松杉中，二里许，从槐径人，一溪横之，跨以石梁，为碧云寺，壮丽与香山相伯仲……水绕亭后，折而注之，寺僧导之过香积厨，绕长廊出殿两庑，左右折复汇于殿前池。池蓄金鲫千头。"谭元春的《碧云寺施朱鱼歌》这样写道：

> 碧云池上金鲫生，不网不罟邀天成。
> 饥来未敢食蟾蠕，时过高僧梵咒声。
> 一生弘慈仰来客，出入池上此心迫。
> 如袖饼饵慰婴孩，来亦不忘投不掷。
> 饵上饵下浮片片，大鱼小鱼唼水面。
> 明知人有佛天心，忽闻人语翻不见。
> 池定饵消我徘徊，明朝自有给孤来。

谭元春，字友夏，号鹄湾，别号蓑翁，湖北竟陵人。谭元春一生多年奔波在科举路上，深受科举考试之苦。明天启四年（1624年）以恩贡上京，却未能登第。在明末，谭元春常与钟惺并提，是为"竟陵派"创始人，他们谈论古文重视性灵，反对摹古，提倡幽深孤峭的风格，所作亦流于僻奥冷涩。与文章不同，谭元春的诗作比较清新。这首写游鱼的诗里，除了"唼"字略显生僻，其余诗景倒也是如实写出，并无特别矫饰。诗的大意是写碧云寺的游鱼很安静，兴许是受到了高僧说法的潜移默化，从容不迫地觅食，怡然自得。

115

（二）香界寺游鱼

八大处的香界寺又称平坡寺，这里的龙王庙中方池有红鱼，"松竹纯绿，下荫方池，朱鱼吹藻，别有幽趣"。周金然的《平坡山龙王庙》这般写道：

彼平者坡，有龙斯宅。

涓涓出泉，唯潜之德。

泉甘以清，载引载澄。

石级覆之，琅然其冥。

鱼乐于沼，讦讦甫甫。

人影间之，参参伍伍。

维莫之春，我游自东。

酌言漱之，以荡我胸。

周金然，字广居，号广庵，上海人。清康熙二十一年（1682年）进士，官洗马中允。周金然虽然在宦途上不见显达，但游玩的地方不少，他的《西山纪游》一卷是专门书写北京西山的，条分缕析地将西山各景点一一写来，有沿革、有抒情，在清初文人中算是独树一帜的纪游作品。这部作品曾上呈给康熙，并受到嘉奖。在明末文人大量写作西山后，清初文人写西山的多是宫廷阁老和满族文人，这部作品的价值在于展现了两代文人心态的变化，也记录了一些地名、寺名的变化。这首诗用四言诗这种略显严肃的诗体来写观鱼之乐，人影与鱼影重叠在水中，乐在其中。

（三）黑龙潭游鱼

黑龙潭在海淀区寿安山北山腰。传说山上产黑石，质细腻，金代曾采石为宫女画眉，称为黛石，山亦因此叫画眉山。山腰有圆潭，径十余米，水从山峡石隙中流入潭内，溢时流泻到山下田野中。又传说潭有黑龙潜藏水底，故名黑龙。黑龙潭后有庙，名黑龙王庙，东向依山而筑，殿宇层层上升。庙建于明成化八年（1472年），祭祀黑龙王，天旱时在此祈雨。英和的《黑龙潭观鱼》结合黑龙传说写潭中之鱼：

> 步祷于龙神，追随到古寺。
>
> 拾级来潭边，观鱼众咸累。
>
> 其大只尺余，纯黑色无二。
>
> 当头双角耸，左巨右稍次。
>
> 玉趾绕回廊，所临鱼辄至。
>
> 从者如堵墙，仰观不惊悸。
>
> 未必即为龙，鱼中无此类。

索绰络·英和，初名石桐，字树琴，一字定圃，号煦斋，满洲正白旗人。英和为礼部尚书德保之子，少有俊才，权臣和珅欲召之为婿，德保不准。清乾隆五十八年（1793年）英和中癸丑科二甲进士，选庶吉士，散馆后授编修，后官至军机大臣，户部尚书。英和是满洲贵族，对于黑龙潭求雨的仪式自然熟悉，这首诗起首就从龙神写起，借鱼与龙的关系大加发挥。从鱼的形状、颜色和神态等特征来刻画黑龙潭潭中的群鱼。

（四）大觉寺池鱼

大觉寺在妙峰山麓，是金章宗的清水院。明清以来，妙峰山顶的天仙圣母庙香火很盛，大觉寺是必经之地。这里的双泉很清冽，池中游鱼也是一景，载滢的《大觉寺观瀑布池鱼》这样写道：

烟霞接引白云程，钟梵悠悠万念平。

鱼藻源流涵帝泽，松篁天籁见禅情。

树为护法形逾古，泉未离山韵倍清。

到此繁华无著处，应知名利误浮生。

爱新觉罗·载滢，恭亲王奕䜣次子，清同治七年（1868年）出继给道光帝第八子奕詥为嗣，袭贝勒，光绪十五年（1889年）加郡王衔，光绪二十六年（1900年）因义和团事变以罪革爵。载滢生逢末世，身为贵族，想参与朝政却屡屡误判形势，不过在赏花玩鱼方面，却是行家。他的《云林书屋诗集》中写虫鱼花鸟的作品比比皆是，这首诗特别写出了池鱼的野趣，在古寺和老树的掩映下，令人大有放下名利，一梦大觉之想。

四

啼鸟亲人语

自"鸟鸣山更幽"的诗歌意境一出，山与鸟之间的关系便不可分离。文人笔下的鸟多半不写具体的种类，而是笼统地写。西山有山有水，打动游人的不仅有山间的山鸟，还有水边的湖鸟，更有因禽鸟众多而命名的雀儿庵。

（一）山鸟

西山山间的鸟类繁多，不只是"深山闻鹧鸪"。游观者行走山间，既可闻花香，又能听鸟语，远离尘嚣，自然是莫大的美事。许獬的《游碧云寺》里这样写道：

> 微雨青槐道，风裾度石梁。
> 泉清鱼动日，柏密鸟争凉。
> 古洞盘云暗，野花和露芳。
> 明远谁得似，草木发山香。

许獬，原名行周，后改为獬。"獬"是中国古代神话中的异兽，有分辨是非曲直的特殊能力。相传獬见到有人相互争斗，就会用角触碰无理的一方，以示公正。许獬的一生也是正道而行，虽年寿不永，不过也留下了

119

"取天下第一等名位，不若干天下第一等事业，更不若做天下第一等人品"这样的立身处世名言。他在京师任编修期间数次游览西山，这首诗写细雨微风后的碧云寺，山鸟在柏树间乘凉，安静的山间山香淡淡袭来，写得直白而不失韵味。

（二）湖鸟

在晴朗的天气，西湖上会有不少水鸟飞过。由于湖水的存在，水鸟的叫声可能没有山鸟那么引人注意，但它们的颜色与清澈湖水的搭配是西堤美景赏心悦目之处。文徵明的《西湖》如此写道：

> 春湖落日水拖蓝，天影楼台上下涵。
> 十里青山行画里，双飞白鸟似江南。
> 思家忽动扁舟兴，顾影深怀短绶惭。
> 不尽平生淹恋意，绿阴深处更停骖。

文徵明，原名壁（或作璧），字徵明。其自四十二岁起，以字行，更字徵仲。因先世衡山人，故号"衡山居士"，世称"文衡山"。文徵明的书画造诣极为全面，诗、文、书、画无一不精，人称是"四绝"的全才。在绘画史上与沈周、唐伯虎、仇英合称"明四家"（"吴门四家"）。在诗文上，与祝允明、唐寅、徐祯卿并称"吴中四才子"。文徵明早年鲁钝，在科举上也不顺利，直到明嘉靖二年（1523年）接受工部尚书李充嗣

的推荐以贡生进京，被授予翰林院待诏的小官。在京期间文徵明已无仕进之心，一再延宕终于等到致仕。他在北京的七八年间，不过浪游山水，与诗朋酒侣吟诗作画，西堤美景自然不会错过。这首诗里写出的风景极其明快，但对应的心情却颇显犹豫不决——思念江南使他看到的风景都像是回到了江南，只不过停留在绿荫中的马提醒了自己还在京师等着退休致仕。

（三）雀儿庵

雀儿庵在潭柘后山五里处，这个名称是因为此处鸟雀太多，金章宗到此时弹雀，弹无虚发。后来一些僧人住到庵中后附会佛经中的孔雀，改其名为孔雀庵，但孔雀只是比喻说法，反没有雀儿真实贴切。冯有经的《雀儿庵》这般写道：

> 沓嶂回峦里，披襟入菁林。
> 略无人履迹，不动鸟机心。
> 古石云高卧，惊泉树杂音。
> 坐看白日去，岚谷众山阴。

冯有经，字正子。明万历十七年（1589年）举进士，选翰林院庶吉士，后充东宫讲读官。这首诗起句便写出千峰万峰层峦叠嶂的外景，游观者徜徉在四时的树色，四时的虫鸟声中。在人迹罕至的地方，鸟也变得更加自由自在。机心是山水诗中一个微妙的词，是用禅理来比喻动静之间的关系。全诗渲染一种自在安闲的状态。

诗文印象

第六章　长堤柳桥　孤亭高台

天恐四山影，浑成翠一片。
截之以横流，曲折使各见。
清泉迸古石，青碧汇为淀。
长桥亘厥中，蜿蜒倚晴甸。
过桥水声大，况有春风扇。
一双蝴蝶飞，杏花满僧院。

——法式善《青龙桥》

燕山自西来，连峰划中绝。
有泉出其间，终古流不歇。
石缝漱潺湲，蟒头泻幽咽。
飞注粲成帘，激射喷为雪。
怒声亦砰鍧，静性终昭晰。
肺肠藉洗涤，毛发归莹澈。
珠体碎复圆，玉流方以折。
缅怀六龙来，坐觉万象别。
天光借澄明，日影增荡潏。
幡幢乱山椒，貔貅遍林樾。
谁知百年后，尚睹孤亭魏。
悠悠彼渔竿，盈盈者仙袜。
不忍向唾渍，胡能斯厉揭。
虎跑真浪传，趵突差可啜。
醉破刘伶醒，病失相如渴。
卫公递莫通，陆子评久缺。
何当携一罂，归洗人间热。

——王鏊《玉泉亭》

124

与山、水、树、石等自然生成的景致不同，堤、桥、亭、台这些缘景而成的景观更见设计之精妙，命名之高超。在西山的这些人文风景中，展现了金元明清最具匠心的创造，也体现了明清时期王公贵族和文人士大夫的审美爱好。

一

山影随风尽倒生

以方位而称的西山不少，以风景而称的西湖也不少。沿高梁桥而西的水流同样也形成了与西山相互衬托的西湖。沿着湖岸建造的西堤除了水利上的需要，也为观赏湖光山色提供了很好的场所。西山的西堤其实有不少建造思路是模仿杭州西湖的堤岸建造，都是将人工与自然之间的过渡尽量变得自然。大凡游玩过杭州西湖的人，再看西堤时都有似曾相识的感觉。北京与杭州的西堤在建筑传统上是一脉相承的，观看西堤的人又何尝不是代代相传。明清之际有一对父子都是名噪一时的文人、艺术家，他们眼中的西堤风景包含了一个家族的情感记忆。

（一）父亲

王衡，字辰玉，号缑山、别署蘅芜室主人，江苏太仓人。王衡出生于显赫家族。其父王锡爵为明万历年间的大学士、内阁首辅，其母为朱氏。王衡从小聪颖过人，又好学博记，尤好古文诗歌，且得名师教导，并

从同乡大名士王世贞处学习诗文，钱谦益的《列朝诗集小传》就称他"学殖益富，能诗善书，散华落藻，名动海内"。如此显赫的身世并没有给予王衡仕途上的平步青云，反而使他在科举中受累。万历十六年（1588年）顺天乡试，王衡因是大学士王锡爵之子，且当时首辅申时行的女婿也同时中举。有言官弹劾主试官，认为有作弊嫌疑。虽然王衡在随后的复试中取得第一名的佳绩获准参与会试，但言官们仍不依不饶，为避免父亲王锡爵陷入更大的党争之中。王衡在他父亲执政期间没再参加考试。而王锡爵也发誓，只要自己在朝为官，儿子王衡就不再应试，免得瓜田李下之嫌。此后，王衡回太仓老家，闭门谢客，专心读书，他当时写诗自叹"生长宰官家，心情春后花"，这一悲剧放在其他时代是无法想象的。到万历二十九年（1601年），王锡爵已致仕回乡，王衡在家人的敦促下，也是为了证明自己确有真才实学，再次入京会试。会试名列第二名，继而又在殿试中以第二名得中榜眼，王衡向天下人昭示了自己的清白，也显露了自己的真才实学。因当年王锡爵也是榜眼，故朝野以"父子榜眼"传为美谈。此后，王衡被授翰林院编修。由于王衡自感"长于边务"之才无法贡献朝廷，对仕途颇感失望，就索性借奉使江南之机，辞官回故里。回太仓后的王衡过着平淡的读书著书生活，终其一生，再未出仕。他前前后后居留北京的时候也不短，他写的关于西山的游记和诗文不少，《湖堤》专门写西堤之景：

脉脉春沙净，纤纤暮雨齐。

吹花还擘柳，绿尽短长堤。

湖面深浅明，照人影个个。

风来动波纹，人影龙蛇过……

上水人种鱼，下水人种黍。

歌声亦何变，好晴或好雨。

　　诗中的西堤清新自然，充满了生活气息。尤其是写西堤旁的人家依水而居，靠水而生活，堤上的人悠闲自得地品味湖景山景，宛然如画。王衡虽然年年不忘江南春色，但在北京的岁月是进取的时候，可惜这一切到最后也只是一段美好的回忆。

（二）儿子

　　王时敏，江苏太仓人，本名王赞虞，字逊之，号烟客，又号偶谐道人，晚号西庐老人。与父亲王衡的坎坷科举经历不同，王时敏没有参加科举便做了清闲的官。他在二十四岁时就出任尚宝丞，就是管理皇帝玺印的官，后又升太常寺少卿（掌宗庙祭祀礼乐），仍兼管尚宝司事。王时敏虽为官不及其祖父王锡爵，文学才华上也略逊于其父，但在山水画的历史上，他是清初画坛的领袖。他一生以临元画为主，并得董其昌亲自指点，受董影响极深。其临古水平之高，令人生叹。其"一意摹古，反对创新"的思想对清代中国画的发展影响深远。他在《西山湖堤》中写的西堤纯用画家笔法：

晴沙脉脉草霏霏，千顷澄湖白鹭飞。
立马桥头看山色，春云如故落人衣……
青青短麦覆春畦，猎猎新蒲浸碧溪。
尽日衔杯浑不厌，斜阳欲堕马频嘶。

同样是写西堤的晴景，写湖边的作物，王时敏更注重颜色的搭配。整个西堤画面已经可以动笔画起来，先是草色，接着是湖鸟，然后是天空的云，前景、中景和后景都如同成竹在胸的画意，可以泼墨挥毫，一挥而就。

二

柳外平桥度紫骝

古道西风，小桥流水常常是古典意境中不能绕开的部分。西山周边的桥名极具辨识度，它们不仅起到沟通河流两岸的作用，还因为建筑样式、历史事件等原因被写入了更大的历史叙述中。

（一）高梁桥

汉字中的一些误解往往是从想当然的联想开始，位于西直门附近的高梁桥极其容易写成"高粱桥"，因农作物的"高粱"更容易被想到。在传统中国，命名中带有一点农耕色彩也是极其常见的事。不过，高梁桥边并

没有高梁，它是沟通都城的重要交通枢纽，在元代是大都与外连接的主要道路，在明清两代则是通往西山的必经之路。

单单只是交通一项不见得能成为一种文化记忆，关键还在于景好。明代的方志名著《帝京景物略》中这样记述，"水从玉泉来，三十里至桥下，荇尾靡波，鱼头接流。夹岸高柳，丝丝到水。绿树绀宇，酒旗亭台，广庙小池，荫爽交匝。岁清明，桃柳当候，岸草遍矣。都人踏青高梁桥，舆者则赛，骑者则驰，蹇驱途步，既有挈携，至则棚席幕青，毡地藉草，骄妓勤优，和剧争巧"。说的是高梁河的水是从玉泉流过来，水质好且清澈见底，很多鱼游弋其间。桥旁边

的柳树、绿树和亭台交错。每当清明时节，都城的游人都到此踏青，有乘轿的、骑驴的，也有步行的。他们到了之后就会席地而坐，观看各种杂耍和表演。在高梁桥，能看到当时最流行的各种表演，看看热闹、会会朋友和赏赏风景都可在这里一并完成。

看热闹又各有各的赏心乐事，有乐在其中的一般游人，也有略显超脱的文人士大夫们，他们的快乐也在于观看别人的快乐。明末文人袁宏道在他的《游高梁桥记》中这样写道："高梁桥在西直门外，京师最胜地也。两水夹堤，垂杨十余里，流急而清，鱼之沉水底者，鳞鬣皆见。精蓝棋置，丹楼珠塔，窈窕绿树中。而西山之在几席者，朝夕设色以娱游人。当春盛时，城中士女云集，缙绅士大夫，非甚不暇，未有不一至其地者也"，他交代了京师有闲暇的人们喜欢将高梁桥当作一个消闲的胜地，尤其在春天时，还可以看到西山。于是在暮春时节，作者和他的好朋友再次来到高梁桥，"三月一日，偕王生章甫、僧寂子出游。时柳梢新翠，山色微岚，水与堤平，丝管夹岸。趺坐古根上，茗饮以为酒，浪纹树影以为侑，鱼鸟之飞沉，人物之往来，以为戏具。堤上游人，见三人枯坐树下若痴禅者，皆相视以为笑。而余等亦窃谓彼筵中人，喧嚣怒诟，山情水意，了不相属，于乐何有也。少顷，遇同年黄昭质拜客出，呼而下，与之语，步至极乐寺观梅花而返"。这次，三个清净的人安静地在高梁桥看风景，却遭到了游人们的嘲笑。而作者在文字中也很不客气地讽刺了那些热闹的人根本就不懂得看风景和欣赏山水之美，只知道大呼小叫，丝毫不会去品味山情水意。袁宏道在这里批评了游玩者的素质，觉得以他们的审美能力，美景放在他们面前简直就是浪费了。

众口一词的美景也可能有不堪的时候，北方的风沙和泥泞也会让游高梁桥成为一种略显痛苦的回忆。袁宏道的弟弟袁中道曾写过同题的《游

高梁桥记》，他的记忆可大不一样，"高梁旧有清水一带，柳色数十里，风日稍和，中郎拉予与王子往游。时街民皆穿沟渠淤泥，委积道上，羸马不能行，步至门外"，"好事"的袁宏道（中郎）这次没带和尚，拉上弟弟和王章甫一块去游玩，但当时可不是杨柳依依，"于是三月中矣，杨柳尚未抽条，冰微泮，临水坐枯树下小饮。谭锋甫畅，而飙风自北来，尘埃蔽天，对面不见人，中目塞口，嚼之有声。冻枝落，古木号，乱石击。寒气凛冽，相与御貂帽，著重裘以敌之，而犹不能堪，乃急归。已黄昏，狼狈沟渠间，百苦乃得至邸。坐至丙夜，口中含沙尚砾砾"。袁宏道写的是春风拂面的高梁桥，袁中道写的是风沙扑面的高梁桥，以至于在游完之后他都开始怀疑去高梁桥的意义，"噫！江南二三月，草色青青，杂花烂城野，风和日丽，上春已可郊游，何京师之苦至此。苟非大不得已，而仆仆于是，吾见其舛也。且夫贵人所以不得已而居是者，为官职也。游客山人所以不得已而至是者，为衣食也。今吾无官职，屡求而不获，其效亦可睹矣。而家有产业可以糊口，舍水石花鸟之乐，而奔走烟霾沙尘之乡，予以问予，予不能解矣。然则是游也宜书，书之所以志予之嗜进而无耻，颠倒而无计算也"。袁中道一生奔走于仕途，但比起他的两个哥哥来说，要坎坷得多。长兄袁宗道在二十七岁时就在会试中名列前茅，旋即入翰林院授编修，次兄袁宏道更是早慧，二十四岁通过会试，年纪轻轻便名满天下。而他经过二十多年的科举考试，在四十六岁那年才好不容易考取了进士。他同袁宏道一块游高梁桥的时候，还是寒窗苦读的举人，自然看风景的心情很是不同。好在袁中道也很会宽慰自己，他说做官的人是因为恋栈而留在京城，为生计奔忙的人是为衣食留在这里，而自己在家乡能够糊口过日，来此风沙之地凑热闹也算是一种奇怪的嗜好。

（二）青龙桥

北京历史上曾有过三座青龙桥，而以颐和园西北面的青龙桥更知名。但这座古桥最初的位置在何处，建于何时，一直以来存在争议，多有谜团。有说元代建的，也有说清乾隆年间建的，一般是按《北京交通史话》的说法，"古青龙桥建于明宣德年间，位于青龙桥村西侧，清河上游，是一座单孔石拱桥，桥下的河水来自西边的玉泉山，周围是靠泉水种植稻米的水田。这桥就是青龙桥。到了清代附近形成较大的聚落，人口密集，街市繁华，称青龙桥镇，并与海甸（淀）镇、清河镇并称为'海淀三镇'。民国时青龙桥因年久失修被废弃。20世纪60年代修建京密引水渠时，在其遗址东北侧不远处新修了一座单跨钢筋水泥桥，故称'青龙桥'。这就是今天的青龙桥"。明清时期题咏青龙桥的人已不少，法式善的《青龙桥》这样写道：

> 天恐四山影，浑成翠一片。
>
> 截之以横流，曲折使各见。
>
> 清泉逆古石，青碧汇为淀。
>
> 长桥亘厥中，蜿蜒倚晴甸。
>
> 过桥水声大，况有春风扇。
>
> 一双蝴蝶飞，杏花满僧院。

法式善，姓伍尧氏，原名运昌，字开文，别号时帆、小西涯居士。蒙古正红旗人。清乾隆四十五年（1780年）进士，官至国子监祭酒。乾隆皇帝盛赞其为奇才，赐其名为"法式善"，满语为"奋勉有为"之意。法式

善的父祖辈均在清廷供职，但职位不高。法式善从小就生活在北京，对西山风景极为熟悉，在他的《存素堂初集》中留下了不少写西山的诗。这首写青龙桥的诗还原了桥两边朴质又不失野趣的环境。

值得一提的是，现代作家冰心在1922年写过一篇《到青龙桥去》，文章开头这样写道，"如火如荼的国庆日，却远远的避开北京城，到青龙桥去。车慢慢的开动了，只是无际的苍黄色的平野，和连接不断的天末的远山。——愈往北走，山愈深了。壁立的岩石，屏风般从车前飞过，不时有很浅的浓绿色的山泉，在岩下流着。山半柿树的叶子，经了秋风，已经零落了，只剩有几个青色半熟的柿子挂在上面。山上的枯草，迎着晨风，一片的和山偃动，如同一领极大的毛毡一般"。这篇文章的开篇很有气势，如果在后面的篇章不要太执着于表达她的和平思想，或许会是现代文学中描写青龙桥的杰作。

（三）卢沟桥

卢沟桥的文化意涵十分多元，它的美因为燕京八景中的"卢沟晓月"而名闻遐迩。卢沟桥始建于金大定二十九年（1189年），明昌三年（1192年）完工。两侧石雕护栏各有一百四十条望柱，柱头上均雕有石狮，形态各异，据记载原有六百二十七个，现存五百零一个。石狮多为明清之物，也有少量的金元遗存。卢沟桥就位置而言是在南城，但它是连接西山与城南的重要桥梁，不少诗人都有"过卢沟桥，望西山"一类的诗题。在历朝历代它都是战略要地，宋代诗人范成大的《卢沟》可能是最早的一首：

草草鱼梁枕水低，匆匆小驻濯涟漪。

河边服匿多生口，长记轺车放雁时。

　　范成大，字至能，一字幼元，早年自号此山居士，晚号石湖居士。范成大一生中最危险的时刻就是在奉孝宗之命出使金国之际。南宋乾道六年（1170年），孝宗任命范成大为起居郎、代理资政殿大学士，充任祈请国信使，向金索求北宋诸帝陵寝之地，并请更定受书之仪。本来国书中仅仅提到求地一事，但孝宗授意范成大要临时加上受书礼仪，为此范成大差点命丧金国。这次交涉并没有实质性的结果，但诗人范成大在一路上写下了出使金国的七十二首绝句，把自己在北方的见闻感触一一记之于诗，主要内容是描写金统区内，中原人民遭受蹂躏及对光复的渴望，凭吊古代爱国志士的遗迹以表示自己誓死报效朝廷的决心。如《青远店》《州桥》《双庙》等诗，反映了北方人民的痛苦生活和他们的民族感情。南宋诗人描写中原的诗大多是出于想象，而范成大却因为机缘巧合能亲临其境，用老辣

的笔墨真切地写出了南宋文人的北方想象。这首《卢沟》寥寥数语写了在驿站客舍看到的情形，"辌车"是指使者乘坐的车，用纪实的方式给卢沟桥留下了一个最早的剪影。

现代文人王统照的《卢沟晓月》是对历代卢沟意象进行的一次大总结，文章借古诗开篇，"'苍凉自是长安日，呜咽原非陇头水。'这是清代诗人咏卢沟桥的佳句，也许，'长安日'与'陇头水'六字有过分的古典气息，读去有点碍口？但，如果你们明了这六个字的来源，用联想与想象的力量凑合起、提示起这地方的环境、风物，以及历代的变化，你自然感到像这样'古典'的应用确能增加卢沟桥的伟大与美丽。打开一本详明的地图，从现在的河北省、清代的京兆区域里你可找得那条历史上著名的桑干河。在往古的战史上，在多少吊古伤今的诗人的笔下，'桑干河'三字并不生疏。但，说到治水、㶟水、漯水这三个专名似乎就不是一般人所知了。还有，凡到过北平的人，谁不记得北平城外的永定河；即不记得永定河，而外城的正南门，永定门，大概可说是'无人不晓'罢。我虽不来与大家谈考证，讲水经，因为要叙叙卢沟桥，却不能不谈到桥下的水流。治水，㶟水，漯水，以及俗名的永定河，其实都是那一道河流，——桑干。还有，河名不甚生疏，而在普通地理书上不大注意的是另外一道大流——浑河。浑河源出浑源，距离著名的恒山不远，水色浑浊，所以又有小黄河之称。在山西境内已经混入桑干河，经怀仁、大同，委弯曲折，至河北的怀来县。向东南流入长城，在昌平县境的大山中如黄龙似的转入宛平县城，二百多里，才到这条巨大雄壮的古桥下"。通过水文的考察，将西山和永定河之间脉络联系在一起，而桥工的壮丽更是引起过马可·波罗等人的关注和热切赞美，"马可·波罗来游中国，服官于元代初年时，他已看见这雄伟的工程，曾在他的游记里赞美过。经过元明两代都有重修，但以

正统九年的加工比较伟大，桥上的石栏、石狮，大约都是这一次重修的成绩。清代对此桥的大工役也有数次。乾隆十七年与五十年两次的动工，确为此桥增色不少。'东西长六十六丈，南北宽二丈四尺，两栏宽二尺四寸，石栏一百四十，桥孔十有一，第六孔适当河之中流。'按清乾隆五十年重修的统计，对此桥的长短大小有此说明，使人（没有到过的）可以想象它的雄壮"。最后再说到晓月的独特性，"从前以北平左近的县分属顺天府，也就是所谓京兆区。经过名人题咏的，京兆区内有八种胜景，例如西山霁雪、居庸叠翠、玉泉垂虹等，都是很美的山川风物，卢沟桥不过有一道大桥，却居然也与西山居庸关一样列入八景之一，便是极富诗意的'卢沟晓月'……单以'晓月'形容卢沟桥之美，据传是另有原因：每当旧历的月尽头（晦日），天快晓时，下弦的钩月在别处还看不分明，如有人到此桥上，他偏先得清光。这俗传的道理是否可靠，不能不令人疑惑。其实，卢沟桥也不过高起一些，难道同一时间在西山山顶，或北平城内的白塔（北海山上）上，看那晦晓的月亮，会比卢沟桥不如？不过，话还是不这么拘板说为妙，用'晓月'陪衬卢沟桥的实是一位善于想象而又身经的艺术家的妙语，本来不预备后人去做科学的测验。你想：'一日之计在于晨'，何况是行人的早发。朝气清蒙，烘托出那勾人思感的月亮——上浮青天，下嵌白石的巨桥。京城的雉堞若隐若现，西山的云翳似近似远，大野无边，黄流激奔……这样光，这样色彩，这样地点与建筑，不管是料峭的春晨，凄冷的秋晓，景物虽然随时有变，但如无雨雪的降临，每月末五更头的月亮、白石桥、大野、黄流，总可凑成一幅佳画，渲染飘浮于行旅者的心灵深处，发生出多少样反射的美感"。王统照这篇散文写于七七事变之后，不仅是发思古之幽情的美文，也饱含了对固守国土，保护文脉的信念。

三

迢递春风在一亭

游人观山水，不能一味走下去，总有歇脚之时。亭子是山的眼睛，"有亭翼然"是名山让人为之一动的地方。西山的亭子不仅能提供休憩的方便，更是观景的好地方。

（一）望湖亭

望湖亭就是能看见西湖的亭子，游玉泉山的必由之地，袁中道《西山十记·记二》载：从裂帛泉"折而南，为华严寺，有洞可容千人，有石床可坐。又有大士洞，石理诘曲，突兀奋怒，较华严洞更觉险怪。后有窦，深不可测。其上为望湖亭，见西湖明如半月，又如积雪未消。柳堤一带，不知里数，袅袅濯濯，封天蔽日。而溪墅间民方田作，大田浩浩，小田晶晶。鸟声百啭，杂华在树，宛若江南三月时矣"。薛蕙的《望湖亭》这样写道：

阴磴穿云下，云犹领袖中。
苍茫玉泉水，望湖亭其东。
褰蔓窥我影，荇藻何蒙蒙。
影动声在树，飒然山秋风。

137

薛蕙，官至刑部主事、吏部郎中，明嘉靖二年（1523年），朝中发生"大礼"之争，薛蕙撰写《为人后解》《为人后辨》等万言书上奏，反对皇上以生父为皇考，招致皇帝大怒，被捕押于镇抚司后赦出。这首诗交代了望湖亭的方位，在亭上能看到影子投射到湖中，也能领略到飒飒的秋风。

（二）流憩亭

流憩亭在香山来青轩右西，"当山之邃者曰流憩亭"，虽然没有来青轩那么著名，但也是游观香山寺的必经之处。吴国伦在《登香山流憩亭，有怀于鳞、子与》诗中说到它的好处：

> 丹梯百折上青冥，槛散诸天青翠屏。
> 雨塔空花迷下界，千山雪色照孤亭。
> 金台北控凌承露，宝地西环拥建瓴。
> 日莫振衣人不见，飘飘仙梵共谁听。

吴国伦，字明卿，号川楼子、惟楚山人、南岳山人，明朝嘉靖、万历年间著名文学家，他与李攀龙、王世贞、谢榛、宗臣、梁有誉、徐中行等人并称"后七子"。"后七子"前期，以李攀龙、王世贞为代表，王世贞死后，吴国伦成为文坛盟主。诗题提及的于鳞即李攀龙，子与即徐中行。李、徐二人也登临过香山寺并有相关诗作，这首诗特别渲染了香山高出天际，承露接星，充满仙气的一面，而流憩亭的孤正成就了"千山雪色照空亭"的无二景致。

（三）退翁亭

退翁亭是现在樱桃沟的一个著名景点，它所在的退谷在水源头，孙承泽的《退谷小志》里如此记述，"至水源头一涧最深，退谷在焉。后有高岭障之，而卧佛寺及黑门诸刹环蔽其前，冈阜回合，竹树深蔚，幽人之宫也……谷口甚狭，乔木荫之，有碣石曰退谷。谷中小亭翼然，曰退翁亭，庭前水流可流觞。东上则石门巍然，曰烟霞窟。入则平台南望，万木森森，小房数楹，其西三楹则为退翁书屋，一榻一炉一罂樽，书数十卷，萧然行脚也"。朱彝尊的《退谷》写得充满机趣：

退翁爱退谷，未老先抽簪。
行药乱峰路，筑亭双树林。
闲中春酒榼，静里山泉音。
满目市朝贵，何人期此心？

朱彝尊，字锡鬯，号竹垞，晚号小长芦钓鱼师，又号金风亭长。清康熙十八年（1679年）举博学鸿词科。清康熙二十二年（1683年）入直南书房。曾参加纂修《明史》。朱彝尊博通经史，诗与王士禛称南北两大宗；作词风格清丽，为"浙西词派"的创始人，与陈维崧并称"朱陈"；精于金石文史，购藏古籍图书不遗余力，为清初著名藏书家之一。他的《日下旧闻》专门记载北京掌故史迹，是了解北京历史地理最重要的参考文献之一。这首写退谷的诗主要是写退翁（孙承泽）这个人。孙承泽是明末极有争议的人物，他是明朝大臣，后投降李自成，再后来在清廷做官，但后来辞官居于退谷。在历史大变迁之际，许多选择由不得个人，归隐与否就像是在退翁亭的两个不同方向。退翁亭向外可能听到尘世或朝廷里的消息，而向里则可以倾听潺潺的泉水声。

（四）渌水亭

渌水亭在玉泉山麓，是清康熙时大学士明珠的别墅，后为其子纳兰性德研读经史，吟诗作赋以及朋友雅聚之所。这里是朱彝尊、陈维崧和顾贞观等汉族文人多次光顾的地方，朱彝尊的一首词的首句"一湾裂帛湖流远，沙堤恰环门径"也点出了该亭的大致方位。纳兰性德有一首诗就叫《渌水亭》：

> 野色湖光两不分，碧云万顷变黄云。
> 分明一幅江村画，着个闲亭挂夕曛。

140

纳兰性德，叶赫那拉氏，字容若，满洲正黄旗人。他的生涯是一个传奇，父亲是清康熙朝武英殿大学士，著名的权臣明珠。他十八岁考中举人，十九岁成为贡士，康熙十五年（1676年），赐进士出身。他更擅长写词，他的《侧帽集》和《饮水词》影响很大，曾有"家家争唱《饮水词》，纳兰心事几人知？"的说法。王国维评价他的词是"纳兰容若以自然之眼观物，以自然之舌言情。此由初入中原未染汉人风气，故能真切如此。北宋以来，一人而已"。清末词人况周颐也在《蕙风词话》中誉其为"国初第一词手"。纳兰性德把属于自己的别业命名为"渌水亭"，一是因为有水，更是因为慕水之德以自比。并把自己的著作也题为《渌水亭杂识》。渌水亭不仅风景佳盛，也是清初满汉文人深度交流的一个场所。渌水亭不仅展现了贵族文人雍容淡泊的风度，也呈现了与江南文人群体在文化姿态上的和解，满汉文化上的隔膜在这一个湖光野色、碧波万顷的小亭里开始消弭。

四

法石坐来思半偈

山间石台，多是自然形成。但它们的形状容易引发联想，一些形象的称呼往往让它们成为观山的地标，好的命名会使山台富含想象色彩。

（一）祭星台

祭星台是金章宗在香山建的一座观景台，与明代建成的来青轩前后呼应，将香山叠嶂环列的效果展示出来。黎民表的《香山寺》是这样写的：

> 却月横香阁，祠星隐绀台。
> 殿随山势转，池向水源开。
> 双阙浮云敛，千林返照来。
> 鹤岑清绝处，心赏信悠哉！

黎民表，字惟敬，号瑶石、罗浮山樵、瑶石山人。明嘉靖十三年（1534年）中举人，累官河南布政参议。其为文自成一家，尝纂修广东、从化、罗浮诸志，与欧大任、梁有誉、李时行、吴旦称"南园后五子"。王世贞将其与王道行、石星、朱多煃、赵用贤并列为"复古派续五子"。这首诗将香山寺置于山景当中，自然与人工巧妙融合在一起。月亮从横香阁的缝隙里透出来，星星隐在祭星台的后面，佛殿随山势俯仰上下，泉流淙淙，浮云慢慢地从林间飘散，此种清绝的环境正是闲云野鹤优哉游哉之时。

（二）说法台

说法台在昌平银山，曾是佛家请经说法及文人隐居之佳地，与镇江金山寺齐名，又有南金北银之说。唐朝高僧邓隐峰曾在此山讲经说法，说法台就是高僧说法之处，明人唐顺之的《银山说法台》这样写道：

长堤柳桥　孤亭高台

秋山面面翠屏迥，孤石支撑说法台。

想见高僧开口处，峰峰曾与点头来。

唐顺之，字应德，一字义修，号荆川，世称"荆川先生"。唐顺之是明代儒学家，嘉靖八年（1529年）会试第一，官翰林编修，后调兵部主事。当时倭寇屡犯沿海，唐顺之以兵部郎中督师浙江，曾亲率兵船于崇明破倭寇于海上。唐顺之对儒学的理解更接近于宗教，不少传记都标明唐氏对衣食之欲的克制已经到了极致，只有在生病时才吃肉。他对高僧说法更有向往的心情，这首说法台展示了他对说法的遥想和追怀。

（三）龙虎台

龙虎台位于昌平西部，元世祖至元十八年（1281年）在此修建了大都城北的第一座行宫。此处地势险要，元人江孚曾用"春花明而文炳，飞泉咆而慓魄。众山奔骞于其下兮，若百兽震悼披靡而前却。吾是以知台之所以名虎，雄万古而磅礴"来描述，真正让龙虎台为人熟知的是刘基的《龙虎台赋》。

刘基，字伯温，浙江青田人，故称刘青田。刘伯温佐朱元璋平天下，论天下安危，义形于色，遇急难，勇气奋发，计划立定，人莫能测。朱元璋多次称刘伯温为："吾之子房也。"在文学史上，刘伯温与宋濂、高启并称"明初诗文三大家"。《龙虎台赋》乃元元统元年（1333年）廷试第二场的题目，可见当时考官对龙虎台的重视。刘伯温虽未到过龙虎台，但想象力出奇丰富，文章一开始便用方位和文学修辞来描述龙虎台，

"猗欤！太行之山，呀云豁雾，结元气而左蟠。于赫龙虎之台，摩干轧坤，魁群山而独尊。其背崔嵬突崒，森冈峦而拱卫。其势则昆仑駃騠，仰星辰之可扪。白虎敦圉而踞峙，苍龙蜿蜒而屈盘。状昂首以奋角，恍飙兴而云屯。其北望则居庸巀嶭，烟光翠结，攒峰列戟，断崖立铁。骏鸟飞而不度，古木樛以相掣。其下视则涨海冲瀜，飞波洗空。风帆浪舶，往来莫穷。想瀛州之密迹，睇三山之可通。彼呼雁戏马，适足彰其陋；而眺蟾望屋，曷足逞其雄！岂若兹台之不事乎版筑，而靡劳乎土功也"，接着展开想象，从天人合一的角度大谈龙虎台的启示意义，"想其嵚岑埼礒，曼衍迤逦，形高势平，背山面水。巨灵献其幽秘，归邪护其光晷。何嵩华之足吞，岂岱宗之可拟。此所以通光道于上都，揭神京之外垒。匪松乔之敢登，羌乘舆之攸止也。至若四黄既驾，卤簿既齐。方玉车之万乘，蔚翠华之萋萋。载云罕与九游，光彩绚乎虹霓。山祇执警以广道，屏号洒雨以清埃。朝发轫于清都，夕驻跸于斯台。明四目以遐览，沛仁泽于九垓。眇轩辕之梁甫，屑神禹之会稽。雄千古之盛典，又何数乎方壶与蓬莱！慨愚生之多幸，际希世之圣明。虽未获睹斯台之壮观，敢不慕乎颂声！"因此而写的颂便显得恰如其分，"杰彼神台，在京之郊。金城内阻，灵关外包。上倚天猊，下镇地轴。太行为臂，沧海为腹。崇台峨峨，虎以踞之。群山巃嵷，龙以翼之。于铄帝德，与台无穷。于隆神台，与天斯同。崇台有伟，鸾驾爰止。天子万年，以介遐祉"。虽然写的骈四俪六，但就龙虎之意将一个观景瞭望台写得呼之欲出。

诗文印象

看花不逢人，但逐流莺去。

一路春风香，遥知寺门处。

红墙围周遭，隐约见几树。

入寺禅枝深，老僧留客住。

闲因证蒲团，清味理茶具。

徙倚红白间，蜂蝶不知数。

蜂蝶为花来，花为蜂蝶误。

静中春意闹，暗里天公怒。

回首睇西郊，斜晖澹将暮。

鞭然别阿难，已忘来时路。

——舒位《独游龙泉寺寻杏花》

远来禅境宿，深在湿云层。

险路无人迹，空堂有佛灯。

共听青嶂雨，对坐白头僧。

话久何曾睡，闻钟客又兴。

——郭武《雨中宿清凉寺》

"一花一世界"是佛经里的说法，意谓在一些平常事物中就能窥到世界的秘密。"月静春山空"则是中国古诗中的名句，它用高明的减法将山和月的存在感都凸显出来。古往今来游览西山的帝王、豪杰和文人众多，

148

留下诗文的也不胜枚举。他们写下了西山的某个特定时间和特定地点，使得这些文字能够不朽的是风景带给人的思考和眷恋。

一

花枝着眼掠人香

每到春夏季节，西山山花烂漫。在幅员辽阔、色彩绚丽的群花中，既有遍地可见的杏花、柳花，也有园林中的牡丹、芍药，还有深藏古寺的海棠、玉兰，更有因花类众多而著称的百花山。

（一）杏花、柳花

杏花在春天盛开，它有变色的特点，含苞待放时，朵朵艳红，随着花瓣的伸展，色彩由浓渐渐渐转淡，到谢落时就成雪白一片。宋代诗人杨万里对杏花的细致观察用这样的诗来概括"道白非真白，言红不若红，请君红白外，别眼看天工"。大觉寺的杏花在各种志书中非常有名，现代作家俞平伯1931年写的《阳台山大觉寺》就是因杏花而成就的散文名篇，"夙闻阳台山大觉寺杏花之胜，以懒迄未往。今岁四月十日往游之，记其梗略云"，当时他与朋友一大早雇驴从燕京大学开始骑游，一路从颐和园迤逦而行，"夹道稚柳青青，行行去去，渐见西山，童秃为主，望红石山口（俗呼红山口），以乘车不得过，循百望山行"。到下午的时候，方看到

正题，"值午，天渐热，大觉寺可望，路渐高，车夫以疲而行缓。进路不甚宽，旁有梨杏颇繁，均果园也。梨花只开七八分，作嫩绿色，正当盛时。杏则凋残，半余绛萼，即有残英未谢，亦憔悴可怜。家君诗云，'燕南风景清明最，新柳鹅黄杏粉霞'（《小竹里馆吟草》卷六）。盖北方杏花以清明为候，诗纪实也。惟寺前之杏，多系新枝非老干，且短垣隔之，以半面妆向人，觉未如所期，聊作游散耳"。

柳花则在暮春时节开放，柳絮如雪，随风飘荡，常常被文人们表达伤春惜别之情。顾起元的小诗《高梁桥》写道：

> 初夏风吹麦穗寒，柳花才放杏花残。
>
> 高梁桥水鳞鳞碧，直似江南雨后看。

顾起元，字太初，一作璘初、瞒初，号遁园居士。明万历二十六年（1598年）进士，官至吏部左侍郎，兼翰林院侍读学士。晚年迁到杏花村，筑遁园隐居。他在《咏遁园》诗中所说："可以息机，可以谢事，可以养痾。"他的这首小诗妙在将季节的变换用柳花和杏花的先后登场来展示。初夏的高梁桥热闹非凡，正是人们迈出家门踏青游玩的好时节，纷飞如雪的花朵映照着波光粼粼的水景，使得刚刚经历了天寒地冻的京城一下子变成了雨后江南。

（二）牡丹、芍药

牡丹被称为"花中之王"，芍药被称为"花相"。自唐人刘禹锡的名

诗"庭前芍药妖无格，池上芙蕖净少情。唯有牡丹真国色，花开时节动京城"出来之后，芍药似乎老低牡丹一头。但芍药与牡丹的美各具千秋，在一些园林中常常是一并栽种。西城外的惠安伯园是明代惠安伯张升的花圃，里面既有牡丹，也有芍药，袁宏道《惠安伯园亭看牡丹》和《惠安园亭看白芍药》分别写道：

> 古树暗房栊，登楼只辨红。
> 分畦将匝地，合焰欲焚空。
> 蝶醉轻绡日，莺梢煖絮风。
> 主人营一世，身老众香中。

> 仙葩亦自喜楼居，嫩紫妖红总不如。
> 滟潋水翻晴雪后，兜罗云没晓峰初。
> 夸多屡向交游述，递远频登好事书。
> 是我眼悭叹未有，主人兀只比葵疏。

袁宏道写过不少关于花的诗，这两首诗如果不标题目，要看出牡丹和芍药并不容易。写牡丹的诗里极力写其火热的一面，几乎要燃烧起来，主人一生的经营似乎都要陶醉在浓郁的花香中。写芍药的诗则极写其清冷的一面，甚至写出主人对芍药的"轻视"，将其当成蔬菜一类，但在观者眼中已经是非同凡响的奇景了。

（三）玉兰

玉兰属木兰科，木兰属，主要有白玉兰和紫玉兰两种。白玉兰又名玉堂春、迎春花等，紫玉兰又名木兰、辛夷等。北京在金元时就开始种植玉兰，明清两代更广泛种植，因此现存的古玉兰不少，多以清代玉兰为主，且大多在寺庙中。在北京的古玉兰中，最著名的要数西山大觉寺的清代白玉兰。在四宜堂北殿堂门西侧，矗立着一棵清乾隆年间所植的白玉兰，距今近三百年。它高达十五米，干周长达一点五米，是北京的"古玉兰之最"。它以花繁瓣大，玉洁清香，一干一花，刚劲俊逸而驰名京城。相传这棵古玉兰是当时的住持伽陵高僧所植，也有传说是他圆寂后，其弟子们根据他的遗愿，从南方移植来的。溥心畬的《丙子三月观花留题》（一作《大觉寺观花题壁》）还在墙壁之上，其诗云：

> 寥落前朝寺，垂杨拂路尘。
> 山连三晋雨，花接九边春。
> 旧院僧何在，荒碑字尚新。
> 再来寻白石，况有孟家邻。

溥心畬，原名爱新觉罗·溥儒，改字心畬，自号羲皇上人、西山逸士。他是清恭亲王奕䜣之孙。曾留学德国，笃嗜诗文、书画，皆有成就。画工山水，兼擅人物、花卉及书法，与张大千有"南张北溥"之誉，又与吴湖帆并称"南吴北溥"。溥氏对于西山极其熟悉，在戒台寺隐居过一段时间，并且在1925年曾在北京中山公园水榭举行首次个展，整理隐居西山时期所作之诗百余首印为《西山集》百册行世。这首观赏

玉兰的诗作于1936年，那时的宗室贵族心情比较复杂，溥心畲本人不认同复辟的做法，但对前朝古寺的荒落还是大为感伤。毕竟一个时代过去之后，曾经的皇族都会有怆然之感，借年年岁岁花相似写出岁岁年年人不同的心情。

（四）百花山

百花山也叫百花陀，位于门头沟区清水镇境内，《帝京景物略》载："府西一百二十里，由王平口过汉匈奴分界处，曰大汉岭，抵沿河口玄女庙，是百花山足也。"百花山中的百花一是指颜色杂，"百花者，红紫翠黄不可凡数，不可状喻，不可名品，即一色中，瓣萼跗异，不可概之"；二是形状多样；三是品种多样。更令人惊叹的是有被称为天花的天雨曼陀罗花，"艳光而幻质，佛诸经每所称天雨曼陀罗花、天雨曼殊沙花也"，充满了神秘色彩。现在百花山的特有植物有五种：百花山花楸、百花山柴胡、百花山葡萄、百花山鹅观草和百花山毛苔草；列入濒危野生动植物种国际贸易公约附录保护的兰科植物有：凹舌兰、珊瑚兰、紫斑杓兰、大花杓兰、小花火烧兰等十七种。如此绚烂多彩自然不会缺乏诗文相配，释法止的《游百花山》如此盛赞：

盘盘疲不觉，独取最高幽。

转得林光润，时因花气留。

石桥无故树，山径入新秋。

但踏岚光去，千峰涌未休。

济胜具慵甚，真烦童杖扶。

野香纷树出，林气乱花铺。

突石将云杪，岑峰且日晡。

正看疑路尽，径仄有樵呼。

　　释法止是明代僧人，他的这首诗大致写出了百花山引人入胜的地方。虽然山盘盘转转，登起来颇为费劲，不过花的香味足以消除登山的困乏。在人造石桥的周边看到的树没有雷同的，转眼可以看到周边的群峰涌动。饱览胜景之时，无数莫名香味会纷纷袭来，山间百花的香味会使人忘掉时间。

二

月痕松影落

　　西山的白天，充满了鸟语花香之美。到了晚间，便是清晰可见的繁星和静谧深邃的月。作为中国文人最爱吟咏的月，自然不会不与西山联系在一起。除了前面已经提及的"卢沟晓月"，月游、坐月等主题也显现了西山游览者们对月的仔细观察和热爱。现代作家冰心的著名诗集《繁星》曾经受到过繁星的启发，而沈从文的《西山的月》也是一篇在西山上待月的妙文。

（一）月游

夜晚游山，多半会选在夏秋时节。皎洁的月亮加上清新的山气，如果不远处再有点灵动的湖水会更佳。麟光的《深秋月游昆明湖》就是写此种情景的佳作：

> 柳色氄氄绕岸依，长堤西望暮山晖。
> 烟迷斜径遥村远，风卷寒涛起浪威。
> 峰吐白云千叠出，雁翻天际一行归。
> 多情惟有惊霜叶，群舞林间作蝶飞。

麟光是慈禧太后养女固伦荣寿公主的过继子。这首月游诗应该是写在新月初上之时，用细长的形容词"氄氄"来写出渐渐隐在黑暗中的柳色，从长堤向西望去能看到落日的残晖。在白天与夜晚交替之际，能看到昆明湖最后一抹亮色，无论是白云、雁群还是霜叶都有种落幕前的精彩。值得一提的是，颐和园的十七孔桥在冬至太阳将落时，当太阳在冬至前后下午最低点的照射时，阳光会贯穿整个桥洞，呈现"金光穿洞"的自然奇观。这是造园设计者的神来之笔，而此后不久月亮便会升起。

（二）坐月

在西山寺观里居住，不用出门也能很好地看月。"坐月"与卧游差相仿佛，能够好好欣赏的关键是山提供了最好的背景。高叔嗣的《宿西山僧

房》就写出了暂住西山时看到的美好月色：

> 遽愁春草歇，驱马春山中。
> 夜宿香深处，闲潭梦复同。
> 风生近谷满，月照前湖空。
> 明日西行去，回望此寺东。

　　高叔嗣，字子业，号苏门山人，祥符（今河南开封）人。高叔嗣少时，受知于李梦阳，与兄仲嗣并有才名。他十六岁所作《申情赋》数万言，见者无不惊叹。明嘉靖二年（1523年）进士，被授工部主事，历稽勋郎中，出为山西左参政，断疑狱十二事，人称为神。后迁为湖广按察使，卒于任上。高叔嗣的诗歌较少描写外界客观事物，偏重于抒发主观情思，即使有一些景物描写，也是为了渲染、烘托他的感情活动。诗歌的主要内容是为自己高才遭忌、身赢多病、客居他乡和友朋贬谪而嗟叹悲歌。从风格上说，其诗淡雅清旷，他年轻时虽受知于李梦阳，但他并不效仿李梦阳的诗风。他的诗曾受到当时的广泛注意，沈德潜评其诗"冲淡得韦苏州体"，陈束序其《苏门集》，谓"有应物之冲淡，兼曲江之沈雄，体王、孟之清适，具高、岑之悲壮"。王世贞则曰："子业诗，如高山鼓琴，沈思忽往，木叶尽脱，石气自青；又如卫洗马

言愁，憔悴婉笃，令人心折。"这首写月的诗最突出的是不断用方位来显示自己的彷徨和不知所止，即便是在西山静月下也显得不那么安心和从容。

（三）待月

现代作家沈从文在1925年曾写过一篇奇妙的小小说，名字就叫《西山的月》，作者自称"游香山时找得的一篇文章，找得的地方是半山亭。似乎是什么人遗落忘记的稿子。文章虽不及古文高雅，但半夜里能一个人跑上半山亭来望月，本身已就是个妙人了。当我刚发见这稿子念过前几段时，心想不知是谁个女人来消受他这郁闷的热情，未免起了点妒羡心。到末了使我了然，因最后一行写的是'待人承领的爱'这六个字令我失望，故把它圈掉了。为保存原文起见，乃在这里声明一句"，他看到一个在西山等爱的青年，"'求你将我放在你心上如印记，带在你臂上如戳记。'我念诵着雅歌来希望你，我的好人。你的眼睛还没掉转来望我，只起了一个势，我早惊乱得同一只听到弹弓弦子响中的小雀了。我是这样怕与你灵魂接触，因为你太美丽了的缘故。但这只小雀它愿意常常在弓弦响声下惊惊惶惶乱窜，从惊乱中它已找到更多的舒适快活了。在青玉色的中天里，那些闪闪烁烁的星群，有你的眼睛存在：因你的眼睛也正是这样闪烁不定，且不要风吹。在山谷中的溪涧里，那些清莹透明底出山泉，也有你的眼睛存在：你眼睛我记着比这水还清莹透明，流动不止。我侥幸又见到你一度微笑了，是在那晚风为散放的盆莲旁边。这笑里有清香，我一点都不奇怪，本来你笑时是有种比清香还能沁人心脾的东西！我见到你笑了，还

找不出你的泪来。当我从一面篱笆前过身，见到那些嫩紫色牵牛花上负着的露珠，便想：倘若是她有什么不快事缠上了心，泪珠不是正同这露珠一样美丽，在凉月下会起虹彩吗？我是那么想着，最后便把那朵牵牛花上的露珠用舌子舔干了"，这个青年白天做工，晚上来西山玄想，将山间看到的各种景物与爱人的形状——比较，"我日里要做工，没有空闲。在夜里得了休息时，便沿着山涧去找你。我不怕虎狼，也不怕伸着两把钳子来吓我的蝎子，只想在月下见你一面。碰到许多打起小小火把夜游的萤火，问它，'朋友朋友，你曾见过一个人吗？'它说，'你找那个人是个什么样子呢？'我指那些闪闪烁烁的群星，'哪，这是眼睛。'我要它静心去听那些涧泉和音，'哪，她声音同这一样。'我末了把刚从花园内摘来那朵粉红玫瑰在它眼前晃了一下，'哪，这是脸。'这些小东西，虽不知道什么叫作骄傲，还老老实实听我所说的话。但当我问它听清白没有，只把头摇了摇就想跑。我行步迟钝，不能同它们一起遍山遍野去找你——但凡是山上有月色流注

到的地方我都到了，不见你的踪迹"。这是一个等爱的故事——在沈从文的笔下将西山的月色写成了爱的各种形状。

三

远来禅境宿

禅宗将参禅分为三个不同境界，第一境是不知禅为何物，即便在身边也无从下手；第二境是初窥门路，能以平常心修行，但还是容易受外物干扰；第三境是盐溶于水，有味而无相。看山又何尝不是如此，慕名而去按已有景点观看的不过是寻山；能够沿着山自身的美去品味的方算是游山；而能将自己的喜怒与山形水姿相结合的才可称为品山。看山三境是一个自然而然的过程，没有寻山，就不可能有游山，也不会有品山。

（一）寻山

金元以后，西山风景佳胜便已众口相传。明清时期进京赶考或奔走仕途的读书人一有机会便会游览西山，因为并非久居，游览时间有限，能去的地方自然需要"精挑细选"。李流芳的《游西山小记》中这样写，"出西直门，过高梁桥，可十余里，至元君祠。折而北，有平堤十里，夹道皆古柳，参差掩映，澄湖百顷，一望渺然。西山匈匈，与波光上下。远见功德古刹及玉泉亭榭，朱门碧瓦，青林翠峰，互相缀发。湖中菰蒲零乱，鸥

鹭翩翩，如在江南图画中。予信宿金山及碧云、香山；是日，跨蹇而归。由青龙桥纵辔堤上，晚风正清，湖烟乍起，岚润如滴，柳娇欲狂。顾而乐之，殆不能去。先是约孟旋、子将同游，皆不至；予慨然独行。子将挟西湖为己有，眼界则高矣；顾隐踞七香城中，傲予此行，何也？书寄孟阳诸兄之在西湖者一笑"。

李流芳，字长蘅，一字茂宰，号檀园，晚号慎娱居士、六浮道人，晚年居上海。他是明代著名的诗人和书画家，与唐时升、娄坚、程嘉燧合称"嘉定四先生"。他在明万历三十四年（1606年）中举后，两次入京参加会试皆不第，这篇游记就是写在入京考试期间。他写到的都是著名景点，而想到的参照物却是江南的西湖。文字写得清新，有一定的景物描写，但基本就是走马观花的游览。

（二）游山

在京为官的文人自然不会放弃游览西山的机会，他们的准备会更充足，无论是时间，还是相关知识。明初都穆的《游西山记》大概是第一篇完整写西山全貌的游记散文：

予闻西山之胜久矣，而未获一游。正德丙寅三月之望，御史熊君士选，户部员外郎李君献吉，招余往游。

出城，西北行二十里，至青龙桥，其下民庐颇稠，花柳隐映，水畴东作方兴。予谓士选："此何异于江南？"北折八里，经回龙庵，复折而西，随行两僮，足不及马，与士选缓辔俟之。二里，抵

西湖。湖中萍荇蒲藻，交青布绿，而野禽沙鸟翔泳于水光山色间，皆悠然自适。人言每盛夏荷开，云锦满湖，尤为清绝。

沿湖行二里，达功德寺，寺旧名"护圣"。其前有古台三，相传金、元氏主游乐更衣之处。或曰此看花钓鱼台也。寺极壮丽，中立二穹碑：其一，宣宗章皇帝御制建今寺文；其一，元氏旧物，字皆番刻，莫能读，僧录觉义淇公速登毗卢阁，崇可数寻，凭栏而眺，一寺之胜，攒聚目睫。盖寺倚山而创。寺西景皇帝陵，及尉悼王墓在焉。

午，燕淇公山园。适献吉与兵部郎中李君贻教，主事王君伯安偕至，遂共饮花下。献吉前此尝游功德，言寺左瓮山之阳，有元耶律楚材墓。楚材有词刻华岩洞壁。

出寺，西行数百步，至玉泉山。金章宗尝建行宫，今废。西南一洞不甚深广，山之北麓凿石为螭头，口出泉，潴而为池，即所谓玉泉。其形如规，莹澈深靓，掬饮之甚甘，上有亭宏敞可憩；其东石梁横跨，泉由之东流入湖。经大内，注都城东南，至大通河，为京师八景之一。西南行至补陀寺。寺在玉泉山半，门内有吕公洞，广仅丈许，深倍之。僧云："仙人吕洞宾常游此。"寺之右跻石级上望湖亭。峰峦围拱，湖水亘其前，俨如匹练。士选、伯安皆留诗亭上，献吉谓予宜有记。

惟西山为京师之胜，而玉泉又西山之胜，盖其润泽滋溉，溥及天下，固国脉之所在也。中间不幸，据于金元，干戈相寻，大夫、士能游而载之文翰者，不一二见；今逢至治，予辈得以暇日游宴笑咏于斯，其幸大矣！而乌可忘所赐耶？

　　都穆，字玄敬，一作元敬，郡人称南濠先生。明弘治十二年（1499年）进士，授工部主事，官至礼部郎中。都穆在此文中对两个西湖的对比依旧念念不忘，但他已经开始细致考证沿途看到的碑文以及八景传说，已经将学识同游山结合在一起。知道西山之美，同时还知道它何美。文章结尾将西山之胜同国脉联系在一起，感慨身处太平盛世能够谈笑风生地游山玩水也是一件幸运的事。

（三）品山

　　能够品山而为人所知，除了品山者有足够的闲情逸致，还得文章好。同样的美景在不同的表达中效果会大不相同，明末文学家袁中道十六岁中秀才，以豪杰自命，性格豪爽，喜交游，好读老庄及佛家之书。他与其兄宗道、宏道并有文名，三兄弟都曾在北京居住过，都写过与西山相关的游记，但写得最全面和最好的还数袁中道的《西山十记》。《西山十记》是由十篇小品文组成的系列游记，这一组游记基本是按当时的游程迤逦写来，不仅囊括了大多数知名的景点，也发现了一些独特的游趣，还从思想高度回答了为何游西山会那么的与众不同。

　　如同高明画师一样，袁中道结合他的游程，将高梁桥到功德寺的一段作为铺垫，"出西直门，过高梁桥，杨柳夹道，带以清溪，流水澄澈，洞见沙石。蕴藻萦蔓，鬣走带牵。小鱼尾游，翕忽跳达。亘流背林，禅刹相接。绿叶浓郁，下覆朱户。寂静无人，鸟鸣花落。过响水闸，听水声汩汩。至龙潭堤，树益茂，水益阔，是为西湖也。每至盛夏之月，芙蓉十里如锦，香风芬馥，士女骈阗，临流泛觞，最为胜处矣。憩青龙桥，桥侧数

武，有寺依山傍岩，古柏阴森，石路千级。山腰有阁，翼以千峰，萦抱屏立，积岚沉雾。前开一镜，堤柳溪流，杂以畦畛。丛翠之中，隐见村落。降临水行，至功德寺，宽博有野致，前绕清流，有危桥可坐。寺僧多习农事。日已西，见道人执畚者、锸者、戴笠者野歌而归。有老僧持杖散步塍间，水田浩白，群蛙偕鸣。噫！此田家之乐也，予不见此者三年矣！"这一段写城市与山林之间的过渡，观看的角度是由下往上，由热闹往静谧，由城市往山林看。

而写到玉泉山景时，则调动了所有可以用的颜色效果将其铺开，"功德寺循河而行，至玉泉山麓，临水有亭。山根中时出清泉，激喷巉石中，悄然如语。至裂泉，泉水仰射，沸冰结雪，汇于池中。见石子鳞鳞，朱碧磊珂，如金沙布地，七宝妆施。荡漾不停，闪烁晃耀。注于河，河

163

水深碧泓渟，澄激迅疾，潜鳞了然，荇发可数。两岸垂柳，带拂清波，石梁如雪，雁齿相次。间以独木为桥，跨之濯足，沁凉入骨。折而南，为华严寺。"这一段虽也提到西湖与江南的对比，但单细节展示方面就比李流芳整篇文章还长。

其后便写香山、碧云、卧佛、万安、中峰等景，时而借自然景致，时而借人文传说，而到最后一记时，干脆就脱离西山专门阐述首游西山的原因，"举都人士所为闻而不及游，游而不及享者，皆渐得于吾杖展之下，于于焉，徐徐焉，朝探暮归，若将终身焉。然后乃知予向者果未尝游山，游山自西山始矣"。袁中道到北京的目的本来是谋求仕途发展的，但无意间却发现了与热闹京城相得益彰的寂寞西山，他将西山之游当作人生之游，学会忍受寂寞才是品山的真谛。

四

梦里西山慰我思

西山范围之广，景点之多，足以让人魂牵梦萦。长年居住西山之侧的，可能会一游再游，在每次的游览中都会发现与此前不同的地方。偶尔登临西山的，会将最有特点的观感和印象用语言文字留下来。在文字中看到的西山，其实就是看到了历史上很多游山玩水的人的共同的梦。周金然在他的《西山纪游》中，曾用"西山日梦游，结侣今始成"的诗句表达了不少喜爱山水的人士对西山的渴慕之情。在这许多梦里，充满禅境的梦和心系家国的梦可能是赋予西山更深层含义的梦。

（一）禅梦

西山寺庙多不胜数，它们与山水的结合紧密无间，不少成了山间的地标。除了建筑、宗教等方面，文人们对寺庙的书写也展示了一种人生态度，呈现出对自然与尘世之间的关系思考，并将西山作为一个美好的梦境来编织。明清时期的不少文人对佛教典籍有着深入的理解，他们在写西山时更容易结合著名的寺观进行深入的阐发。在众多诗文中，如果要挑一个在诗歌艺术、禅理阐发以及编织梦境方面都能臻于极致的人，则钱谦益一定是首选人物。

钱谦益，字受之，号牧斋，晚号蒙叟、东涧老人，学者称虞山先生，为清初诗坛的盟主之一。钱谦益是东林党人，官至礼部侍郎，因与温体仁争权失败而被革职。明亡后，马士英、阮大铖在南京拥立福王，建立南明弘光政权，钱谦益依附之，为礼部尚书，后降清，为礼部侍郎。钱谦益是个思想和性格都比较复杂的人。他的身上，不乏明末文人纵诞的习气，不过又有道德上的洁癖。他本以"清流"自居，却因热衷于功名而屡次陷入政治旋涡，留下诪事阉党、降清失节的污名；他其实对忠君观念并不执着，对明朝皇帝也多有微词，但在投降清朝后又念念于旧朝。尽管在个人气节和民族大义上多有争议，但钱谦益在明清诗坛上的重要性无可替代，徐世昌的评价最为允当，"牧斋才大学博，主持东南坛坫，为明清两代诗派一大关键"。钱谦益有相当浓厚的佛教信仰，他的家庭信佛，他与明末四大师（憨山德清、云栖祩宏、紫柏真可、蕅益智旭）都有密切的交谊，与主禅宗性格较为明显的憨山德清、紫柏真可更为亲近。其中似乎可以看出钱谦益个人对禅宗的偏好。

钱谦益的西山诗作中，最具代表性的是《西山道中》《碧云寺》

《香山寺》等几首。以寺名为题写西山著名的两座寺庙难度其实很大，钱谦益的高明是既能借题，也能发挥。写《碧云寺》是借司礼太监的葬地来写：

> 丹青台殿起层层，玉碣雕阑取次登。
> 禁近恩波蒙葬地，内家香火傍禅灯。
> 丰碑巨刻书元宰，碧海红尘问老僧。
> 礼罢空王三叹息，自穿萝径拄孤藤。

因为能葬碧云寺的太监都是皇帝恩宠的，所以他们的碑文经常是当时的重要人物书写，这里就将宫廷、宗教与文章联系在一起。而《香山寺》则借明神宗的观感来写：

> 仙仗宸游杳莫攀，夕阳骑马历屏颜。
> 来青禁扁传金母，秀色香山动玉颜。
> 佛火自依新月上，斋钟犹出莫云间。
> 定陵松柏呼风急，知有神灵扈从还。

来青轩的来历很能说明香山寺的美，他将皇帝、佛寺和仙人联系在一起，借助了香山寺地势的高，将人间权力、佛法无边和天空三个元素放在一起，呈现了香山寺作为西山首胜的原因。《西山道中二首》以行进的方式展示对西山思慕的缘由：

其一

上陵何美得幽期，梦里西山慰我思。

泉石雨枯惟有骨，莺花春老尚无姿。

归鸦禁铃愁偏急，羸马斜阳喜并迟。

来往鹓鸿纷接武，只应倦羽独差池。

其二

望里青山开复遮，数峰缺处有人家。

沟渠流出垣墙水，篱落飘来禁苑花。

夕照对衔宫树直，晚风旁掠酒帘斜。

软红尘土原如许，一入东华便可嗟。

　　这两首诗形成了一个整体，前一首写的是想象中的西山，使用了山水里惯用的一些景致，雨后山泉石上流淌，铮铮石骨的底色上有着暮春流莺和斜阳下的瘦马，是以物观物的方式。而第二首则是亲临西山后看到的景象，连绵的青山在视野中断续连接，看到远峰处有小桥流水人家，这些离城市是那么远，又那么近。西山令人思慕的原因是在热闹的都市旁边提供一个可供禅思的地方，踏上西山之路便是开始一场充满禅意的梦。

（二）家国梦

　　太平岁月的西山自然是一个静谧的所在，能够安放一个暂别城市、远离喧嚣的心境和梦境。但如果在时代更迭、战乱频仍的时候，西山也可能

是萦绕家国梦的地方。以"天下兴亡，匹夫有责"而为人熟知的顾炎武对西山的数次游历便饱含着深切的家国梦。

顾炎武，江苏昆山人，本名绛，字忠清、宁人，亦自署蒋山佣。南都败后，因为仰慕文天祥学生王炎午的为人，改名炎武。因故居旁有亭林湖，后世学者尊为亭林先生。顾炎武虽然不仕清朝，但却是清朝学风的开启者，在经学、史学、音韵、小学、金石考古和方志舆地等学问上都有开创性的贡献。顾炎武没有写古刹林立、景点丰富的西山，而是着意写西山的外围，陵墓密布的昌平。在他的北京书写中，昌平居于核心地位。顾炎武的专著有《昌平山水记》，它是顾炎武的众多地理学著作中较为别致的一种，《肇域志》是大而全的地理著作，《天下郡国利病书》是博而广的经济地理

著作，《历代宅京记》是巧而专的古都学专著。其中，《昌平山水记》倾注了著者的无限感怀，原因就在于明代皇帝的陵墓在昌平，明亡之后，顾炎武数次拜陵的行动不仅仅是一种仪式，更是一种道德意义上的垂范。顾炎武在写作史地著作时，常常是用骡子驮着书籍，深入穷乡僻壤、边塞要地，把实地考察所见与以前相关著述的记载一一参考对照，考证前人在记述上的一些讹传和错误。明代的昌平州不只是如今的昌平辖区，还包括当时顺义、密云、怀柔三县，因此，《昌平山水记》中不乏顺义、密云、怀柔的历史地理状况。顾炎武的同乡好友王弘撰称赞其"所著《昌平山水记》二卷，巨细咸存，尺寸不爽，凡亲对证，三易其稿，而亭林犹以为未惬，正使博闻强记，或尚有人，而精详不苟，未见其伦也"。这本小书里也提到了"陵西南数十里为京师西山。嘉靖十一年三月，敕金山、玉泉山、七冈山、红石山、瓮山、香峪山皆山陵龙脉所在，毋得造坟建寺，伐石烧灰"。这一遥远的关注别具深意，就像是在亡国之后还怀念着龙脉所在的西山。

在他的诗作中，《五十初度时在昌平》把无限感怀寄寓于山河空远中：

居然濩落念无成，陈驷流萍度此生。

远路不须愁日暮，老年终自望河清。

常随黄鹄翔山影，惯听青骢别塞声。

举目陵京犹旧国，可能钟鼎一扬名？

这首诗写于顾炎武50岁时，即清康熙元年（1662年）五月底。此时反清复明的活动虽仍在继续，但清朝统治已经基本稳定，顾炎武在个人到了

知天命之际，也开始认同明朝覆灭的天命，虽然内心还有万分不甘心。除了继续参拜明陵的活动，已经习惯在漂泊辗转中履行自己余下的使命。在京师的几次居留，顾炎武除了在慈仁寺，几乎就在昌平度过，"萧瑟昌平路，行来十九年"。承载着前代辉煌的西山也像一个令人感伤的家国梦，在萧瑟凄清的氛围下显得格外感伤。

【后　记】

　　这本小书的编写是从2017年11月左右开始，其间除春节回家中缀数日，其他时间倒也一直沉浸在"西山文脉"之《诗文印象》的世界里。但时间越久，越担心出不来。最早的时候觉得并不费劲，在编制本书体例时，我主要遵循诗文和风景两个主线，按照一般人理解山水的方式，分门别类地列出几个相应的主题，循此查找相应诗文，做一定的笺释和欣赏，能够让读者在了解西山风景时也能知道雅致的、有诗有文的印象。

　　可到正式进入具体文本挑拣时，才发现现成的不好用，需要的不好找。最现成的无非是《帝京景物略》和《天府广记》，但这两部书中所选诗文要么是写景太过雷同，要么是作者生平不详，而且还往往遗漏了明清时代大诗人的作品。没办法，只好投入到电子文献的检索中，可能是阅读习惯的问题，看电子文献的效果并不好，常常在漫漶不清的文字间怀疑自己浪费时间。不过在一次次检索中，也发现了不少有趣的古人，他们早已消逝的生命在西山游踪中短暂地复活了，在读《抱冲斋诗集》时，生活在19世纪的斌良在他的"最好湖亭闲买醉，豆羹香溢滑流匙"下不免要注解一条，"青龙桥豆腐汤最有名"，真不知他是多少次

光顾那个小店，令人遥想神往。但并非所有文字都会如此有趣，常常是历史沿革的流水账，然后是各种诗文典故的套用。在很多平淡的诗文里要挑出点睛之笔并不容易，及至挑出后做一些知识上的比对也很困难。虽然现在的搜索引擎很发达，但具体搜西山的一个景点，除特别知名的，其他大多语焉不详。又只能到《日下旧闻考》等古籍里一一权衡，由于时间关系，不太可能对每一个地名进行实地勘察。

编写完这本小书，确实长了不少知识。感谢这次项目组织团队的各位老师，在前期提纲、样章反馈等环节给予的帮助和支持。

李彦东

2019年9月